用技术说话

中国 AI 产业的科技创新之路

王 晶○著

团结出版社

图书在版编目（CIP）数据

用技术说话：中国 AI 产业的科技创新之路 / 王晶著
. -- 北京：团结出版社，2024.3
ISBN 978-7-5234-0691-5

Ⅰ . ①用… Ⅱ . ①王… Ⅲ . ①人工智能－IT 产业－企业管理－概况－中国 Ⅳ . ① F492

中国国家版本馆 CIP 数据核字 (2024) 第 240631 号

出　　版：团结出版社
　　　　　（北京市东城区东皇城根南街84号　邮编：100006）
电　　话：（010）65228880　65244790
网　　址：http://www.tjpress.com
E-mail：zb65244790@vip.163.com
经　　销：全国新华书店
印　　装：三河市龙大印装有限公司

开　　本：145mm×210mm　　32开
印　　张：8.5
字　　数：250千字
版　　次：2024年3月第1版
印　　次：2024年3月第1次印刷

书　　号：978-7-5234-0691-5
定　　价：59.00元

丛 书 序

为标杆企业立传塑魂

在我们一生中，总会遇到那么一个人，用自己的智慧之光、精神之光，点亮我们的人生之路。

我从事企业传记写作、出版15年，采访过几百位企业家，每次访谈我通常会问两个问题："你受谁的影响最大？哪本书令你受益匪浅？"

绝大多数企业家给出的答案，都是某个著名企业家或企业传记作品令他终身受益，改变命运。

商业改变世界，传记启迪人生。可以说，企业家都深受前辈企业家传记的影响，他们以偶像为标杆，完成自我认知、自我突破、自我进化，在对标中寻找坐标，在蜕变中加速成长。

人们常说，选择比努力更重要，而选择正确与否取决于认知。决定人生命运的关键选择就那么几次，大多数人不具备做出关键抉择的正确认知，然后要花很多年为当初的错误决定买单。对于创业者、管理者来说，阅读成功企业家传记是形成方法论、构建学习力、完成认知跃迁的最佳捷径，越早越好。

无论个人还是企业，不同的个体、组织有不同的基因和命运。对于个人来说，要有思想、灵魂，才能活得明白，获得成功。对于企业而言，要有愿景、使命、价值观，才能做大做强，基业长青。

世间万物，皆有"灵魂"。每个企业诞生时都有初心和梦想，但发展壮大以后就容易被忽视。

企业的灵魂人物是创始人，他给企业创造的最大财富是企业家精神。

管理的核心是管理愿景、使命、价值观，我们通常概括为企业文化。

有远见的企业家重视"灵魂"，其中效率最高、成本最低的方式是写作企业家传记和企业史。企业家传记可以重塑企业家精神，企业史可以提炼企业文化。以史为鉴，回顾和总结历史，是为了创造新的历史。

"立德、立功、立言"，这是儒家追求，也是人生大道。

在过去 10 余年间，我所创办的润商文化秉承"以史明道，以道润商"的使命，汇聚一大批专家学者、财经作家、媒体精英，专注于企业传记定制出版和传播服务，为标杆企业立传塑魂。我们为华润、招商局、通用技术、美的、阿里巴巴、用友、卓尔、光威等数十家著名企业提供企业史、企业家传记的创作与出版定制服务。我们还策划出版了全球商业史系列、世界财富家族系列、中国著名企业家传记系列等 100 多部具有影响力的图书作品，畅销中国（含港澳台地区）及日本、韩国等海外市场，堪称最了解中国本土企业实践和理论体系、精神文化的知识服务机构之一。

出于重塑企业家精神、构建商业文明的专业精神和时代使命，2019 年初，润商文化与团结出版社、曙光书阁强强联手，共同启动中国标杆企业和优秀企业家的学术研究和出版工程。三年来，为了持续打造高标准、高品质的精品图书，我们邀请业内知名财经作家组建创作团队，进行专题研究和写作，陆续出版了任正非、段永平、马云、雷军、董明珠、王兴、王卫、杜国楹等著名企业家的 20 多部传记、经管类图书，面世以后深受读者欢迎，一版再版。

今后，我们将继续推出一大批代表新技术、新产业、新业态和新模式的标杆企业的传记作品，通过对创业、发展与转型路径的叙述、梳理与总结，为读者拆解企业家的成事密码，提供精神养分与奋斗能量。当然，我们还会聚焦更多优秀企业家，为企业家立言，为企业立命，为中国商业立标杆。

一直以来，我们致力于为有思想的企业提升价值，为有价值的企业传播思想。作为中国商业观察者、记录者、传播者，我们将聚焦于更多标杆企业、行业龙头、区域领导品牌、高成长型创新公司等有价值的企业，重塑企业家精神，传播企业品牌价值，推动中国商业进步。

通过对标杆企业和优秀企业家的研究创作和出版工程，我们意在为更多企业家、创业者、管理者提供前行的智慧和力量，为读者在喧嚣浮华的时代打开一扇希望之窗：

在这个美好时代，每个人都可以通过奋斗和努力，成为想成为的那个自己。

企业史作家、企业家传记策划人、主编

陈润

推 荐 序

把成功与失败进行淋漓尽致的总结

在总结任正非成功经验的时候，人们发现了这四句话：行万里路，读万卷书，与万人谈，做一件事。所谓的"与万人谈"，就是任正非阅读大量世界上成功企业的发展历史的书籍。他一有机会就与这些公司的董事长、总经理当面进行交流请教，并把这些成功的经验用于华为的运营，这就使得华为也成为一个成功的企业。

在过去的十余年间，润商文化长期致力于系统研究中外成功的企业家，汇集了一大批专业人士创作关于成功企业家的传记——著名企业家传记丛书。这是一件非常有意义的事情，这让"与万人谈"成为一件很容易的事。同时，这使得大家都能够从中了解到——这些企业家为什么成功？自己能从中学到什么？

因此，我觉得润商文化的这项工作是功德无量的。这些成功的企业家，就是中国经济史上一个个值得称颂的榜样。

湖北省统计局原副局长

民进中央特约研究员

叶青

序 言

蛰伏 23 年，终成王者。

正如外界所评论的，"科大讯飞的优点是低调，缺点是过于低调。"

2016 年 10 月 18 日，"初代网红"罗永浩在锤子 M1 手机发布会上对讯飞输入法做了接近 20 分钟的大篇幅演讲，让讯飞输入法意外走红，一度在 iOS 下载榜单上冲至第一名。十日后，科大讯飞高调宣布：讯飞输入法用户数突破 4 亿，活跃用户达 1.1 亿。随着讯飞输入法的走红，人们开始关注科大讯飞这家企业。

这年 11 月，美国白宫发布了《为未来人工智能做好准备》及《美国国家人工智能研究与发展战略计划》，将人工智能上升到国家战略。Facebook、微软、IBM、谷歌、亚马逊、特斯拉等科技巨头纷纷抢滩布局，人工智能在被提出的 60 年后终于迎来了春天。3 个月后，《纽约时报》在一篇报道中指出，中美人工智能技术竞赛已经开始，两国差距越来越小。报道提到的中国人工智能技术代表企业，就是科大讯飞。

2017 年 11 月，国家科技部发布了四大国家级人工智能创新平台，百度、阿里巴巴、腾讯、科大讯飞公司分别负责自动驾驶、城市大脑、医疗影像、智能语音领域的开放创新平台建设。这意味着，科大讯飞开始与 BAT 同台竞技、共享 AI 蛋糕。还有人把科大讯飞与 BAT 三家一起共称为"BATI"人工智能国家队。国家的肯定，让科大讯飞的股票大涨，市值一度突破 1000 亿。

2018 年 4 月，拥有百年创刊历史的《麻省理工科技评论》，揭晓"2017 年年度全球 50 家最聪明公司"，科大讯飞排名远超 BAT，位居中国公司第一、名列全球第六（前五位分别是英伟达、SpaceX、亚马逊、23andMe、谷歌母公司 Alphabet）。

2019 年 10 月，继华为、中兴等企业后，科大讯飞等多家中国企业被美国政府列入"实体清单"。企业被列入实体清单后，美国政府即可根据《出口管理条例》限制对这些机构出口、进口或转口。对此，科大讯飞高管胡郁称："我们被列上了实体清单，这可能是因为我们的技术太先进。……我们对于此情况已有预案，将继续为客户提供优质的产品和服务。"[1] 而网友则调侃："如果不是美国把科大讯飞列入了实体名单，我们都不知道科大讯飞已经这么厉害了。"

很多人把科大讯飞视作蹭 BAT 热度的新兴企业。实际上，科大讯飞和 BAT 同期创业，因为没有像 BAT 一样吃到互联网时代的红利，多年来一直默默无闻。

人工智能行业是一个高投入、回报慢的行业，能够坚持住利益诱惑、甘心坐冷板凳搞科研的企业，少之又少。科大讯飞是不折不扣的"少数派"，它和 BAT 走了完全不一样的路——"顶天立地"的发展道路。

所谓"顶天"，即长期专注人工智能源头核心技术创新，不断突破，力求做到全球最好，力争拿下技术高地。

所谓"立地"，即将技术和各行各业深度融合，转化为大众切实

---

[1] 2020 年 9 月 1 日轮值总裁胡郁在新品发布会上谈及公司被美国政府列入实体清单一事时语。

可感受的产品，用人工智能解决人们生产生活的实际需求，最大化地完成科技成果转化。

毫不夸张地说，科大讯飞是中国人工智能的拓荒者和永不止步的攀登者。在长达 23 年的时间内，它孤独地蛰伏前进，最终在人工智能大爆炸之后成为"王者荣耀"。

科大讯飞 20 余年创业路，见证了人工智能从 0 到 1 的发展历程。科大讯飞也在这个过程中，抓住了四次重大历史发展机遇：

（一）大学生创业热潮

1999 年 6 月 9 日，在安徽合肥的一间民房里，科大讯飞诞生了。创始团队是以刘庆峰为首的、来自中国科技大学的十几名大学生。当时，团中央和中国青年联合会鼓励大学生创业，正处于中国大学生创业的第一波高潮。科大讯飞的"草台班子"借着这股东风，凭借初生牛犊不怕虎的精神，在语音合成领域杀出了一片天。

据刘庆峰回忆："那个时候，清华大学出版社出了一本书叫《挑战盖茨神话》，选取当时中国最顶尖的 20 个大学生创业公司的先行者进行对话，科大讯飞在其中。2008 年，科大讯飞上市，距离这本书出版有 8 年了，我把这本书翻开发现，20 家公司里还有 3 个公司在，其他 17 个都不在了。"

刘庆峰没有点出来的是，科大讯飞还是中国在校大学生创业首家上市公司。

（二）2G 彩铃热潮

刘庆峰创立了科大讯飞，并拿到了一笔 3000 万的融资，但并没有一路顺畅。因为语音产品过于超前，市场不接受，公司一直处于亏损状态，最低谷的时候，刘庆峰曾经四处找公司收购科大讯飞，没有人愿意接盘。

2005 年彩铃从韩国引进中国，受到消费者的热烈追捧。科大讯飞的语音技术，一下子有了用武之地。借助这波彩铃热潮，科大讯飞不仅扭亏为盈，还因此搭上了中国电信、中国移动、中国联通"三巨头"。其中，中国移动成为科大讯飞的大股东，从此科大讯飞再也不为融资难发愁了，过上了"背靠大树好乘凉"的日子。

对于这段否极泰来的经历，刘庆峰后来在一次演讲中如是说："千万不要因为某一个时期的痛苦或者收入不理想，被各界质疑，你就放弃，你只要打开整个产业链，看看到底是哪个环节有问题，是技术市场管理还是商业模式？没准把这个环节补上，你就活过来了。"

（三）智能手机热潮

2010 年被视为智能手机普及的元年，苹果手机的出现改变了原有的产品形态，传统的物理键盘彻底消失，虚拟输入法逐渐成为一种刚需，提升用户的输入效率，成了多方角逐的赛点。讯飞的语音技术，在新型输入法中有了发挥之地。讯飞从用户体验视角出发，向手机厂商和输入法市场的老玩家们发起了挑战。他们在语音转文字速度上做到了极致，在方言识别上做到了遥遥领先。凭借过硬的技术，在与苹果输入法、百度输入法、搜狗输入法、谷歌输入法等多方力量的激烈角逐中，讯飞输入法最终脱颖而出。

2011 年 Siri 的问世，带来了新一波语音热潮。在 Siri 实现中文语音识别之前，科大讯飞研发出了"中文版 Siri"——讯飞语点，拉开了语音助手争夺赛序幕。这一次除了百度之外，腾讯旗下的微信成立了语音技术团队，开放了语音识别接口；阿里巴巴成立了 IDST 语音团队，联合海尔 U+ 实验室研发出 YunOS 语音识别技术。正是智能手机的普及，让科大讯飞和 BAT 展开了正面交锋。

在语音技术上打败了巨头之后，此时的科大讯飞已经有了足够的自信。对此，刘庆峰说道："语音技术对于他们（BAT）是锦上添花，是'玩具'，但对于我们来说，是命门，是志在必得。"

科大讯飞在技术领域找到了自己的发力点，开始在做深做精的路上狂奔。

（四）人工智能热潮

2016 年 3 月，"阿尔法狗"（AlphaGo）与围棋世界冠军、职业九段棋手李世石进行围棋人机大战，以 4 比 1 的总比分获胜。这燃起了人工智能的第三波浪潮，促使深度学习等前沿技术加速落地应用，语音技术也从小众一跃成为主流的人机交互方式之一。在语音技术领域深耕的科大讯飞，彻底迎来了发展良机。

2016 年 10 月，美国白宫发布人工智能国家战略。2017 年 7 月，中国发布《新一代人工智能发展规划》，人工智能成为中国的国家战略。人工智能成为国家战略之后，资本和巨头蜂拥而至，随着越来越多的企业加入人工智能领域，AI 终于完成了从概念到技术再到生意最终到业绩的转变。

在人工智能产业化竞争愈演愈烈的当下，科大讯飞眼里已经没有对手，而是把目光聚焦在"初心"。百炼成钢的刘庆峰如是说：

"我认为真正的做产业的成功者，首先是源于热爱的初心，你真的不可遏制地看好这个方向，有一种冲动，有一个梦想能让你不顾一切，能让你彻夜难眠，你去做了，不管它哪天风口到来，最终成功是你的。"

机遇与挑战向来并存，就像硬币的正反面一样。没有谁能随随便便创业成功，作为讯飞奇迹的主要缔造者，刘庆峰在企业发展的每个关键时刻，都起到了至关重要的作用。

目　录

第三章 技术落地（2000—2004）

第四章 产业报国（2005—2008）

第五章 抢占技术高地（2009—2012）

第九章　突出重围（2020 至今）

第十章　企业家魅力

附　录

第一章

风云学霸（1973—1994）

刘庆峰出生于安徽泾县，一个生产宣纸的地方，古时曾以文风昌盛而闻名。成长在这样有浓厚文化底蕴的环境中，刘庆峰却不爱人文，更爱数理，其梦想不是进清华北大，而是进入中科大。高考后，刘庆峰拒绝清华保送，顶着"宣城神童"的头衔，如愿以偿地进入中科大，但他还因为不是安徽省状元而深感遗憾。为了"一雪前耻"，他在大学期间开启"学霸中的学霸"模式，以傲人的成绩完败13个省状元，从而被语音界泰斗——"南王"王仁华教授收归旗下，成为人机语音通信实验室的骨干研发人员。随后刘庆峰带领团队参加国家"863项目"语音合成比赛并夺冠，从此进入语音合成领域，义无反顾。为了振兴民族语音产业，打破国际巨头垄断，刘庆峰放弃了出国深造机会，走上了创业之路。

自学成才的"神童"

　　刘庆峰从小就表现出超常的数学天赋，加上当时"学好数理化，走遍天下都不怕"的时代背景，生在文化故里的他，从小就有一颗"理科脑"。初中时刘庆峰就开始自学立体几何、微积分、线性代数，在数学、物理竞赛中频频获奖，表现出了快速学习的天赋。

　　"李白乘舟将欲行，忽闻岸上踏歌声。桃花潭水深千尺，不及汪伦送我情。"李白的这首《赠汪伦》，是刘庆峰从小背到大、异常喜欢的一首诗。因为这首诗是李白在游玩他的家乡安徽泾县时创作的。

　　1973年2月，刘庆峰出生于安徽黄山附近的泾县。泾县古称猷州，是盛产宣纸的地方，桃花潭是泾县的著名景点之一，而用自酿美酒热情招待李白的汪伦，正是刘庆峰的老乡。

　　泾县古时以文风昌盛闻名，出了不少名儒和书法家。成长在这样有浓厚文化底蕴的环境中，刘庆峰自然从小就喜欢研究历史人文，但他更爱的还是数学和物理。当年，著名科学家、教育家钱伟长老先生一句"数理化这三门课学得透彻了，就可以获得扎实的理论知识基础"，无意间影响了一个时代。这句话被演绎为"学好数理化，走遍天下都不怕"，在改革开放刚刚启动的20世纪80年代，被莘莘学子奉为圭臬。

　　受此影响的刘庆峰，从小酷爱数学，且在幼年时期就展现出超常的天赋。6 岁的时候，妈妈带刘庆峰上街卖菜，小小的刘庆峰总是能在旁边帮妈妈"快狠准"地算出价钱和要找的零钱。

刘妈妈很欣慰，总是故意问他："儿子，你长大后要不要跟着妈妈一起做生意啊？"

刘庆峰大声回答："不，我要当科学家！"

谁能想到，刘庆峰在梦想成真当了"科学家"之后，最终还是从商了。

兴趣是学习的最大动力。上初中之后，刘庆峰觉得课本知识太容易，就自学立体几何、微积分、线性代数等高中乃至大学才会学到的数学知识，和今天"海淀鸡娃"拼命提前刷知识的内卷做法有一拼。不同的是，刘庆峰是主动内卷，而非被迫学习。自学的结果就是：他在初中时就承包了数学、物理竞赛的冠军。初中毕业后，刘庆峰以全县第一的成绩考入宣城中学，"泾县神童"的称呼在这个时期就打响了。

"我从县城考入宣中的那一刻起，就写下了一定要考取当时最难考的大学的誓言。一开始，我在班上成绩并不是最好的，名列第三，于是我把前两名学生既视为对手，又看作最好的朋友，督促自己进步……"刘庆峰后来如是说，"宣中的时光是我一生的财富，她教我懂得，梦想和现实之间的距离，我们知道应该如何用脚步来丈量。"[1]

宣城中学是安徽省重点中学，历史悠久，是废除科举制度时的实验学堂。20 世纪 80 年代，改革开放为教育事业送来了春风，宣城中学一时间成为整个宣城地区乃至全省学子们心中的求学圣地。能进这所学校的学子，都是各地的拔尖学生。"泾县神童"刘庆峰，在高手林立的宣城中学不甘落后，力争上游。

每天晚上躺上硬板床，他都这样告诉自己："我不要做凤尾，也

---

[1]刘庆峰回母校宣城中学演讲《用脚步丈量梦想和现实之间的距离》，2009 年 9 月 16 日。

不要做鸡头，我就要做第一！"

　　难能可贵的是，刘庆峰并没有因为争第一而和同学"杀红了眼"。事实上，他还和班级第一成了好朋友。这位同学家境贫寒，刘庆峰在力所能及的范围内经常帮助他。两个人一起学习，一起吃饭，一起进步。很快，两个人就开始轮流做班级第一了。高三那年，刘庆峰还住在了这位同学的家中，同学的母亲很喜欢他，经常做好吃的给他。这段经历让刘庆峰明白了一个道理：竞争对手不一定非得成为敌人，也可以成为相互帮助的同盟。这对他后来驰骋商界影响很大。

　　高中时期，刘庆峰的野心很大，不仅想门门功课拿第一，还想长跑拿第一。高二上学期，刘庆峰长跑拿到第四名后，扬言"要拿第一"。同学们看着他的小身板，纷纷笑了起来。然而，就在下学期，这种嘲笑变成了仰慕。经过暗暗努力，刘庆峰真的拿到了长跑冠军！不仅要业务能力强，还要身体好，这一理念，也在他后期创业的时候一直践行。

拒绝保送清华

　　新中国"第一神童"宁铂在 1978 年被中国媒体广泛报道，轰动一时，这种"榜样的力量"深深影响了刘庆峰。正是在宁铂的影响下，刘庆峰从小立志要考上中国最难考的大学——中科大。1990 年，中国汽车产业蓬勃发展，汽车相关专业炙手可热。刘庆峰得到保送清华汽车工程系的名额，但他拒绝了，最终以高出清华录取分 40 分的成绩，进入了中国科学技术大学。

　　1990 年 6 月，一向以儿子为荣的刘妈妈生气了，她怎么也不理解：儿子居然会拒绝清华大学的保送名额！

　　清华大学啊！中国第一名牌大学啊！多少人梦寐以求的大学啊！而且，保送的是汽车工程专业——当时最热门的专业。

　　1989 年 9 月，中汽联在江苏镇江召开了"1990 年全国汽车行业年度生产计划座谈会"。会议有来自全国各大汽车集团、各省汽车行业、各部委及有关行业部门近 80 人，其中国务院秘书局、国家计委也派人参加了会议。这次会议之后，中国汽车产业开始蓬勃发展，一年之内国产汽车就突破了 600 万辆，改写了过去通过关系拿"条子"进口汽车的历史。大学里跟汽车相关的专业也成了抢手专业。

　　天才多少都有些傲骨。刘庆峰对炙手可热的清华大学和汽车工程一点儿也不感兴趣。无论做一个汽车设计工程师还是做一名汽车维修师，都不在刘庆峰的人生蓝图上。他的心早有所属。

17 岁的刘庆峰第一次没有听爸爸妈妈的话，他坚决要按照自己的想法填志愿，一门心思要考进中国科技大学。是什么让刘庆峰这么顽固呢？这不得不提到另外一个神童。

1978 年，高考制度恢复的第二年，中科大破格录取了一位 13 岁的天才少年——宁铂，全中国公认的"第一神童"，两岁半会背 30 多首毛主席诗词，4 岁会写 400 多个汉字，9 岁时就能开药方、下围棋、吟诗作对。在那个急需人才的时代，宁铂的破格录取引发了社会广泛关注，中科大顺势成立了中国首个"大学少年班"。刘庆峰被叫多了"神童"，自然而然就把宁铂当作偶像。

少年刘庆峰的梦想是和宁铂一样考进中国科技大学，似乎唯有此，才能坐实自己"神童"的称呼。尽管当时中国科技大学是最难考的大学——比清华大学录取分数线还高出 20 分，但刘庆峰义无反顾。

刘庆峰执迷于逐梦中国科技大学，还有一个重要的原因：他对数学比较感兴趣，而他的"男神"华罗庚和吴文俊亲自创立了中科大数学系。

当时，中国现代数学之父华罗庚的故事经过中小学课本的普及，大家都耳熟能详，刘庆峰更是把他攻克数学难题的精神作为人生奋斗的动力。华罗庚也是出身于一个小县城，从中小学时就展现出了非凡的数学天赋。初中毕业后，因拿不出学费而中途退学，在父亲杂货铺帮忙也不忘自学大学数学课程。后来华罗庚不幸染上伤寒病，落下左腿终身残疾，但他始终没有放弃攀登数学高峰。

很少人知道，中国科学技术大学最早是在北京成立的，首任校长是郭沫若，1970 年才搬到安徽省合肥市。早在 1952 年 7 月，华罗庚就接到郭沫若的邀请，成立了中国科学院数学研究所，并担任所长。1958 年，郭沫若正式创办中科大，华罗庚开始担任副校长兼数学系主任。他在中科大数学系首创的"一条龙教学法"，影响了一个时代。当时国内高校普遍将数学基础课分为微积分、高等代数、复变函数论等课程分开讲授，但华罗庚并不赞成这种人为割裂数学知识的做法，他把所有数学基础课综合为一门课进行教学，称之为《高等数学引论》，因为没有现成的教材可以用，在中科大成为一种传说。

刘庆峰对华罗庚的故事耳熟能详。华罗庚的人生经历就像一把火，燃烧起刘庆峰的熊熊火焰。他从初中就开始学习华罗庚自学数学，立志要成为像华罗庚一样的数学大家。因为中科大就在安徽，离家也不是太远，刘庆峰还和小伙伴趁着暑假去中科大瞻仰过华罗庚塑像。因此，当高考终于可以"靠近"男神的时候，他必须是竭尽全力冲向中科大数学系。

除了华罗庚，中科大数学系还云集了一众全国顶尖大师。1958 年华罗庚创办中科大数学系的时候，另外一位数学泰斗吴文俊就在一旁鼎力协助他。后来，华罗庚离开中科大之后，吴文俊一直担任数学系主任，并继续推行华罗庚的"一条龙教学"。

另一位数学家谷超豪先生，对中科大的非线性科学研究工作做出了极大贡献，他还在 1988 年 2 月出任中科大校长。可以说，数学系对中科大意义重大。中科大数学系对于当时的理工科学子来说，无疑是殿堂级的存在。当然，要进入中科大数学系，竞争相当激烈，这是许多人想都不敢想的事情。但刘庆峰却一门心思要挑战中科大数学系。

最终，刘庆峰以高出清华录取分 40 分的成绩，进入了中科大电子工程系。虽然不是数学系，但也是华罗庚和吴文俊创办的分支。电子工程系成立于中科大建校之时，最早的名字为"无线电电子学系"，是中科大的"老六系"，也是最厉害的一个系，属于学校的王牌专业。计算机系是后来从这个系独立出去的。

一脚踏进中科大，刘庆峰总算是圆了他年少时的梦想。看着他激动得几天睡不着的样子，刘妈妈也释怀了：比起遥远的清华大学，在离家更近的中科大上学也不错。最重要的是，儿子开心比什么都强。

学霸中的超级学霸

中科大是学霸聚集地，而刘庆峰是学霸中的学霸。当年和刘庆峰一起进入中科大的，还有13个省市的高考状元。即便高手云集，刘庆峰仍然在数理课程上出类拔萃，数理方程、力学、电磁场、光学等课程都是全系第一名。扎实的数理基础，让他在日后的语音技术研究中如鱼得水。

1990年秋，在忙碌的招生工作完成后，中科大进行了一次严格的摸底考试。在这次摸底考试中，刘庆峰一炮走红——他在77人中，拿到了高等数学和理论物理的双第一。就像小学、初中、高中时一样，刘庆峰一进校园，就成了风云人物。"我就是要拿第一，不拿第一根本睡不着觉！"骨子里，刘庆峰就是这么倔强。

刘庆峰的高考成绩高出清华录取分40分，但他一直对此耿耿于怀，非常不满意自己的临场发挥。因为不是安徽省省状元，让"神童"觉得很没面子。

当年和刘庆峰一起考进中科大的，有13个省市的高考状元。当时中科大的名声比清华大学还响亮，这些省状元纷纷涌入了中科大。越是高手云集，刘庆峰越是斗志昂扬。他铆足了劲儿要证明：高考发挥失常，并不代表在这里他会认输。在后来的数理课程上，他继续表现得锋芒毕露，数理方程、力学、电磁场、光学等课程都是全系第一名。

刘庆峰刚踏进中科大无线电系学习时，梦想着自己有一天能成为理论家，他绝对没有想过，10年后摇身一变成了企业家。按照他最初的人生规划，好好学习、天天向上，把成绩提高，和很多师兄们一样，毕业时凭借优异的成绩考取全额奖学金远赴国外留学……

在这种保守的规划之下，刘庆峰才拼了命地学习理论知识，力求把成绩单做到完美。当时他的想法很简单：虽然没有进入数学系，但如果在无线电系能保持数理成绩更好，岂不是可以引起学校更高的关注？这样将来就业和出国就不成问题了。后来的事实证明，他的这一"如意算盘"确实打响了。

刘庆峰很感激大学期间拼了命地积累知识。尽管他后来成了大学生创业的代表——科大讯飞是大学生创业第一个上市的公司，但是刘庆峰并不鼓励大学生像比尔·盖茨和杨致远一样过早创业。他曾经对大学生们说："从我个人的角度，我更希望不要过分提倡大学生创业。因为大学生正处在积累自身实力的时期，更需要的是磨炼。把创业当成一个课题，参与企业的部分运作对大学生的成长是有好处的。但把精力主要放在创业上绝对不是件好事情。即便你当了 CEO，你今天创业不努力，明天就会破产。所以在任何一个阶段，人要有风险意识，要有忧患意识，要知道下一步主要精力用在什么地方。"

对于大学，刘庆峰认为主要精力就应该用在积累知识上。抱着这样的"原始想法"，他在各门功课上都下足了功夫。很多人上了大学之后，就自动"报废"了，要么沉迷于打游戏，要么沉迷于谈恋爱，将很少的精力用在学习上。刘庆峰却丝毫没有懈怠，他延续着高考的拼搏精神，把各省高考状元们纷纷打败，成为学霸中的学霸。

仅仅成绩好，并不足以称为学霸。真正的学霸，一定是综合素质都很优秀的人。刘庆峰不只学习好，人缘也好，口才也棒，于是顺理成章当上了班长。关于他的好人缘，从后期做国家项目和创业讯飞时就可以看出，刘庆峰作为本科生就开始带着博硕师兄做项目，大学毕业后更是带着 18 名同学一起创业，聚人的本领可见一斑。关键是大家对他心服口服，一致推荐其做"团长"；至于口才，我们在各大媒体的采访中充分见识到他的思维缜密和口若悬河。

你若盛开，清风自来。这么优秀的学生很快引起了一个人的关注，刘庆峰的人生在无形中改变了轨迹。

师从"南王"王仁华

当时语音界有两大泰斗，分别是清华大学的王作英教授和中科大的王仁华教授，合称"南北二王"。刘庆峰因为成绩优秀，受到老师们的关注，大二时，"南王"王仁华就带刘庆峰进入自己的实验室，从此刘庆峰的人生得以改变。

对数学心存执念的刘庆峰，进入中科大之后，一心要办成一件大事：想办法转到数学系。除了对数学本身甚感兴趣之外，进入数学系还有一大便利：最容易出国，而出国是当年科大所有学生的首选。

刘庆峰的这一念头，在观摩王仁华教授的语音实验室后，就彻底打消了。1992年五一刚过，王仁华教授就敲开了刘庆峰所在宿舍的门。作为中科大电子工程系的博导、曾在日本东京大学做过访问学者的王仁华，一眼就相中了19岁的刘庆峰。被选中做助理的刘庆峰，当时就愣住了：因为他早就听说过王仁华的大名，知道王仁华是语音合成专家，但是直到他第一次走进王仁华教授的实验室之前，他对语音合成一窍不通。

王仁华教授的这个实验室叫"人机语音通讯实验室"，是由中国科技大学与国家智能计算机研究开发中心共同设立的。[1]当时，实验室刚成立，王仁华教授在中科大四处"招兵买马"，他在刘庆峰所在班级挑了 3 名优秀学生加入实验室，刘庆峰就是其中之一。

走进语音实验室，当刘庆峰看到一排排的计算机竟然可以发出人声的时候，他的新世界之窗被打开了："天啊，原来机器可以像人一样开口说话！"

在倍感震撼的同时，刘庆峰发现，自己真正喜欢的是应用数学，而非理论化的数学知识。运用所学的数理计算能力，去改变人类生活，似乎更有成就感。

"王仁华教授改变了我的人生轨迹，成就了我和科大讯飞。"刘庆峰后来不止一次如此感慨。

在刘庆峰的眼里，恩师王仁华是一位甘为"人梯"、值得尊重的老师。对于刘庆峰以及其他学生，他都愿意给予巨大的空间。"现在有很多报道说学生和教授为知识产权打官司，但我们上学时候的实验室是最和谐的，王老师从不居功，所有的荣誉都留给自己的学生。如果你有能力，王老师会不遗余力地为你创造独立的机会。"

作为中国语音界泰斗级人物，王仁华教授当然不是随便什么学生都愿意带在身边的。有伯乐之眼的他，很快就发现刘庆峰是一匹千里马。刘庆峰出色的数理计算能力，让王仁华教授相信，此人绝非池中物。

一开始，当王仁华教授邀请他加入实验室的时候，刘庆峰是犹豫的。在王仁华教授滔滔不绝地讲述语音合成技术的宏大未来时，刘庆峰还是犹豫的，因为一切太过遥远，听起来像天书。直到王仁华教授提到一个近期计划时，刘庆峰决定加入了。

王仁华教授提出的这个项目计划叫"自动翻译电话"，研发出来它，

---

[1]《其实，我想说 | 真的热爱这个方向，才会坚持》，来源：经济参考报专访，2019 年 11 月 21 日。

中英文就可以自由交流了。这个想法吊起了刘庆峰的极大兴趣，因为他的徽式散装英语口语实在是软肋。

> 因为我英语一直不好，所以我就觉得这个翻译电话太好了，我就觉得这个实验室非常有意思，就决定留下来不转系了。

就这样，放弃转系的刘庆峰误打误撞地闯进了语音的殿堂，成为中科大最早进入实验室的本科生之一。能够在大二就进入以研究生为主的实验室，本身就是个至高的荣誉。况且，实验室的经验和与教授的关系对出国深造大有帮助。

在王仁华教授的指引下，大二学生刘庆峰很快就迷上了语音合成技术。

大三时，王仁华教授觉得实验室里一台日本产的机器分析效率太低，就随口问刘庆峰："给你三个月时间，你能把效率提高一倍吗？"

刘庆峰一拍胸脯回答："我可以！"

结果，他只用了一个月的时间，就将效率提高了 10 倍。

这样的学生又有谁会不喜欢呢？王仁华决定打破惯例，让年轻有天赋的刘庆峰牵头做项目。刘庆峰也不负期望，帮助恩师攻破了一个个技术难题。在王仁华的指导下，刘庆峰完成了一份引起较大轰动的本科毕业论文：独立设计了一个语音合成器，模拟人发音的整个过程，并用数字信号技术来处理这个模型。

王仁华教授不仅仅在技术上给了刘庆峰巨大的指引和帮助，其人品作风也对刘庆峰产生了深远的影响。日后创办企业，刘庆峰和其他17 位科大顶尖的学霸，一起创业，携手打拼事业，始终和睦相处。后来他们对员工也广开言路。这一点难能可贵，正是拜恩师所赐。

"你知道理工科的尖子生都是很骄傲的，根本不爱搭理科研上不如自己的人。"刘庆峰曾经坦言，"但是后来我就慢慢明白，做企业需要大量的人才，而你不能要求他们每一个人都比我这个总裁的专业技术牛。我也像我的老师一样，开始思索，如何开发和激励他人的创造力。"

善于包容和激励别人，这是王仁华教授带给刘庆峰的最大影响。如今，打开科大讯飞公司的股东介绍页面，你会发现，其中第三大股东叫王仁华，这个人就是刘庆峰的导师王仁华。他完全可以像其他大学导师一样利用自己的权威，成为校办公司的最大股东，但是他没有。王仁华教授的这种胸怀，深深影响了刘庆峰，在后期创业过程中，他始终坚持创业团队集体持股第一，但他自己并不贪恋股权。

领衔"863"大赛

"863 计划"是国家跟踪世界先进水平，发展中国高技术的高端项目。1995 年，刘庆峰在王仁华教授的支持下，承担 863 计划中的语音合成系统项目。刘庆峰在北京劲松租了一个地下室，每天早七晚十到中科院语言所语言学大师吴宗济教授的家里去，跟他学习实验语音学。经过三个月的努力，语音技术取得了重大突破。最终，刘庆峰带领团队参加 863 计划语音合成比赛，语音合成做到了可以被市场接受的程度。

1995 年 6 月，刘庆峰接到了两个好消息。他的恩师王仁华教授在告诉他被保送研究生之后，郑重地告诉他："庆峰啊，我们实验室有幸正式承接国家 863'KD 系列汉语文语转换系统'项目，我希望由你挑起大梁。"

"王老师，你是说让我来负责这么重要的国家项目？"刘庆峰不敢相信自己的耳朵。这么重要的项目，导师居然会交给他！

王仁华教授很认真地点了点头，然后问他："这个项目将和中国社科院合作，需要到北京出差一段时间，你愿意吗？"

"愿意！我愿意！"刘庆峰点头如捣蒜。

863 计划，即国家高技术研究发展计划，国家跟踪世界先进水平，发展中国高技术的高端项目。当时，高科技对于国人来说还只是一个看不见摸不着的概念。1986 年 3 月，针对美国"星球大战计划"、欧洲"尤里卡计划"、日本"今后 10 年科学技术振兴政策"，国务院组织以"中国光学之父"王大珩、"中国核科学奠基人"王淦昌、"中国自动化与航天之父"杨嘉墀、"中国卫星测量技术奠基人"陈芳允为代表的全国 200 多位科学家，集体讨论了半年之后，决定启动一个面向 21 世纪的战略性高科技发展计划，缩短与世界先进水平的差距，通过突破并掌握一批关键技术，让中国在高科技领域占有一席之地。邓小平亲自作出明确批示后，863 计划成为了中国科学技术发展的一面旗帜[1]。今天，杂交水稻、神舟飞船、歼 20 战机、高铁、5G 通信、干细胞移植、人工智能等举世瞩目的成就，都是与"863 计划"有关。

1991 年，邓小平挥笔为"863 计划"工作会议写下了题词"发展高科技，实现产业化"，再次给为实现"863 计划"而攻关的科学家以鼓励，也为中国高科技的发展指明了方向。"科技的春天"正式到来，王仁华教授的语音实验室就是在邓小平的这次大力鼓励下应运而生。

1995 年夏天，刘庆峰人生第一次"北上"。在北京劲松七区的一个地下室，他接连住了三个月。他每天一大早赶到中国社科院语言所去报到，晚上第一时间向导师王仁华写电邮汇报。

在这里，刘庆峰认识了人生的第二位贵人——语言学大师吴宗济老先生。事实上，刘庆峰每天都是去吴宗济老先生的家里，跟着他学习实验语音学。两个年龄相差将近 70 岁的人在这个炎热的季节成了忘年交。

1909 年出生的吴宗济是不折不扣的中国语言学大师。自清华大学中文系毕业后，吴宗济历任中央研究院历史语言研究所、中国科学院语言研究所、中国社会科学院语言研究所要职。他早期主要从事汉语

---

[1] 红旗飘飘——中国共产党历史上的今天，中央档案馆国家档案局等联合编著，江苏文艺出版社，2001 年 6 月

方言及少数民族语言的调查与研究工作，后期主要从事语音学及实验语音学的研究工作。吴宗济在实验语音学方面的论著，都是基于声学实验，来分析语音的生理物理特性，这对于语音合成技术来说，帮助很大。这就是王仁华教授派刘庆峰来"驻扎"的原因所在。

在朝夕相处的这3个月中，吴宗济老先生不吝赐教。阅人无数的吴老先生，显然十分看好这个晚辈。虽然年龄相差甚多，但两个人沟通起来毫无代沟。步入晚年的吴老先生，也希望自己的毕生理论研究能够转化为影响新时代的实在成果。

在吴老先生的帮助下，刘庆峰在语音技术上取得了非常大的突破。3个月很快就过去了，最后吴宗济送"徒弟"走的时候感叹："庆峰啊，你用3个月的时间，把我40年的成果都学走了！"

学成归来的刘庆峰，开始信心满满地备战国家863比赛。当时，可谓"天时地利人和"。

1995年9月13日，"863太平洋科考队"经过近两个月同风浪搏斗、顶暑抗晕，克服了海上试验的多种困难，圆满地完成了"863计划"之"洋底探测系统"重大科研的试验任务。这项实验原计划是在2000年完成，太平洋科考队超前成功完成实验，极大地鼓舞了中国高科技研究者。整个科技界都在摩拳擦掌准备大干一场，但有效的资源必须分配给最优秀的团队，如何评出最优秀的科研团队，公开比赛是最简单有效的方式。

在该年举办的国家863计划成果比赛中，刘庆峰不负众望，其带队开发的语音合成系统，拿了第一名。他们再接再厉，3年后，在中国的国家863比赛中，首次让计算机开口说话，达到了可实用的门槛。他们的语音合成技术不但保证了音质，还具备了优良的语音自然度，合成出来的语句近乎人声。这成了当年比赛中最为轰动的科研成果。刘庆峰因此参加了首届国际汉语口语处理的年度大会，在新加坡获得了这个领域的唯一最佳论文奖。

小小研究生刘庆峰一下子就成了名人。

放弃出国深造机会

当时，中科大的学生普遍热衷出国深造，刘庆峰也不例外。为了能不受限制顺利出国，他放弃了科大保送博士的机会，坚持自己考博。但吴宗济老先生的一番话，让他放弃了这一打算：中文语音技术要由中国人做到全世界最好，中国语音产业必须掌握在我们自己手上。他决定在国内发展，扛起民族产业的重担。

1998 年夏，研究生毕业的刘庆峰，再次面临人生的重要抉择：出国还是留校读博？

国家 863 比赛冠军的头衔，让他名声大噪，不仅在国内引起轰动，在国际上也引起了不少关注。

当时科学院系统最高的荣誉——中国科学院长奖金特别奖颁发给了刘庆峰。他的相关论文拿到在新加坡召开的首届国际汉语语音研讨会评比，又获得了唯一学生最佳论文奖。此后，刘庆峰就陆续接到海外多所名校的全额奖学金资助邀请。然而，他犹豫了。

中科大作为"出国牛校"，学生毕业后出国深造是再自然不过的事情了。这造成中科大在海外的名声超过了国内，因为在美国高校的数学界、物理界，80% 的华人教授，都是中科大毕业的。

刘庆峰一半以上的同学都在这个时候出国了。他作为班长，学习成绩好，还拿过大奖，这样的条件，到了国外也一定很抢手。那么是什么让他犹豫不决呢？

原来，他负责的语音合成系统，在国际上第一个做到了3分标准（5分制），距离转化为民用只有一步之遥。如果这时候出国，很可能前功尽弃。他无法确定去了海外，还能不能继续钻研，毕竟像王仁华教授这样照顾他的恩师，很难再遇到。一个研究生可以带十几个人的团队，其中甚至还有副教授，这样的好事可不是一般人敢想的。就算海外的硬件设施比恩师的实验室先进，刘庆峰也很难有机会带领一个这么好的技术团队。而且，最重要的是，到了国外研发就等于拿了恩师的技术反过来和他竞争啊，这对于刘庆峰来说，实在是一个巨大的道德挑战。

"如果要出国有两个选择，要么去美国几个做语音比较好的大学，要么到东京大学，东京大学做语音是很棒的。无论去哪里，其实都可能会跟我原来的实验室形成竞争，这是让我放心不下的一个很大的因素。另外，科大当时那种开放式的研发体系，不拘一格的研究团队组合，可以把我们当时做了一半的想法更快地落实下去。"刘庆峰事后坦言。

但是，如果不去国外深造，以后就很难再有这样的机会了。小县城出来的他，还是全家人的希望呢，一家子都等着他赶紧毕业，然后拿高薪养家。一旦踏上工作岗位，以后就很难有大把时间来进修了。如果不继续进修，就等于和国际先进水平的语音合成技术失之交臂。

无限纠结的刘庆峰，找到了恩师王仁华。出于私心，王仁华当然希望得意门生能继续留在自己的实验室效力，但是，他也知道出国机会对于这个年纪的人来说，诱惑实在太大了。他不愿意成为刘庆峰将来后悔时埋怨的人。于是，王仁华并没有发表态度："你自己好好考虑，无论如何，老师都尊重你的选择。"

于是，刘庆峰又想到了一个人：德高望重的吴宗济先生。这些年，刘庆峰一直和吴宗济先生保持联系，每当技术上出现难题的时候，他都会向吴老先生咨询，有时候仅仅和吴老先生聊聊天，就能茅塞顿开。此时的吴宗济先生已经是89岁高龄，他对人生的参悟俨然已经到了一个很高的境界，刘庆峰觉得，向他征求人生意见是个不错的选择。

吴宗济先生听完刘庆峰的左右担心之后，给他说了这样一段话：

> 庆峰啊，当年我在清华读书的时候也有很多出国机会，最后我选择留在国内发展。为什么呢？语言是文化的基础和民族的象征，语言是人们沟通和获取信息最自然便捷的手段，不管是教育、交通、银行、电信等都得用到语音，从事这样的研究对于国家和民族来说，意义重大。现在，IBM、微软甚至日本人的语音技术机构，纷纷跑来中国成立语音研究机构，觊觎着中国未来的语音市场。在这种情况下，你还要出国发展吗？你出国深造的目的是什么？不就是获得先进的技术和他们一决高下吗？可是，他们现在已经在家门口了。国家 863 计划提倡"顶天立地"，"顶天"就是核心技术要做到国际领先，"立地"就是要立足于市场，能够产业化。中文语音技术要由中国人做到全世界最好，中国语音产业必须掌握在我们自己手上。现在，我们的语音技术距离出成果就差那么一小步，你确定要放弃吗？如果距离产业化遥不可及，我就不劝你留下。我希望你站在国家和民族的高度，再慎重考虑一下。

刘庆峰的内心深处其实和吴宗济先生不谋而合：当时中文语音市场基本上全被外企占据，他一直想改变这一点。基于自己还是个学生，刘庆峰其实是没底气的，既然吴老先生这么看好他，双方对产业预判一致，就没有什么可犹豫的了。

吴宗济的话让刘庆峰坚定了在国内发展的决心，他暗暗下定决心：

> 我希望为中国人争光，通过中文语音传达我们的民族文化。一个国家在任何时候都要有一批有创新精神的知识分子成为这个国家的脊梁。如果我有幸在这个领域担当这个角色的话，那是我一辈子的骄傲。

启示：真的勇士敢于直面竞争

追求梦想的路上，刘庆峰无疑是很幸运的，他有幸遇到了语音泰斗王仁华和吴宗济，两位贵人指引他一步步向梦想前进，最终在语音产业里大放光彩。

但我们也不得不承认：能有贵人相助的一个大前提是，刘庆峰本身很有天赋和实力，而这些所谓的天赋和实力，跟他争强好胜的性格也不无关系。

成为第一，是刘庆峰骨子里的特性。

因为一心想成为第一，中学时期他就学会了与比自己优秀的同学既竞争又合作，笑着超越对手。

因为一心想成为第一，高考时他放弃了清华大学的保送机会，挑战当时最难考的中科大。

因为一心想成为第一，在科大他和 13 个省状元"明争暗斗"，直到获得"学霸中的学霸"头衔。

因为一心想成为第一，在研究生毕业之际他放弃出国机会，只为成为中文语音产业的第一人。

可以说，成为第一，是刘庆峰自小到大养成的习惯。靠着成为第一的竞争意识，他在追求学业路上，始终扮演着学霸角色；同样靠着成为第一的竞争意识，他在随后追求事业路上，始终坚持长期价值主义、发誓一定要成为行业笑在最后的人。

　　成为第一，对于刘庆峰而言，不是野心，而是一种习惯。在一个超级学霸眼里，不争第一，还有什么好争的呢？

　　这种顽固的竞争 DNA，让刘庆峰从小县城一路走向了国际大舞台。

第二章

书生创业（1998—1999）

　　红杉资本的传奇缔造者迈克尔·莫里茨曾说过："一个公司的基因早在它最初的 18 个月就被决定了，此后公司不可能再有什么大的改变。如果 DNA 是对的，他就是一块金子；如果不对，那基本就完了。"科大讯飞的 DNA 从一开始就是对的，他们在创业最缺钱的时候也没有奔着"钱"而去；在核心技术上和国际巨头一较高低、用技术为国争光，做一家伟大的公司，是刘庆峰为科大讯飞刻下的基因。

胆大妄为的书生

　　21世纪前后是互联网创业的高峰期，也是国家鼓励大学生创业的时期。从时间上来说，腾讯创立于1998年年底，阿里巴巴和百度创建于1999年，科大讯飞与BAT这三家是属于同一时代的。时代洪流冥冥之中决定了"书生"刘庆峰的命运。他的创业，是主动选择的结果，也有被时代裹挟的因素。

1998年12月，安徽合肥下着罕见的鹅毛大雪。在没有暖气的宿舍里，25岁的刘庆峰带领18个科大学生，热火朝天地讨论着"顶天立地"计划，似乎完全感受不到寒冷。

　　"兄弟们，别人能做到的事情，难道我们做不到吗？"

　　此时的刘庆峰，正在读博士，整支创业团队是由学生组成的，他们除了满腔激情之外，并没有社会经验。这群"书生"为什么如此"胆大妄为"呢？他们口中的"别人"又是谁呢？让我们把目光投向那个世纪之交的年代，当时正是国家鼓励大学生创业的"元年"。

　　1976年，21岁的盖茨和23岁的艾伦从哈佛大学辍学成立了"微软"公司，从此美国校园创业的传奇开始。1992年，德州-奥斯丁分校的大学生戴尔再次刷新历史，戴尔因为创建电脑公司而成为世界五百强中最年轻的首富。1996年，斯坦福大学计算机系的毕业生拉里·佩奇和塞吉·布林在完成博士项目的时候，"一不小心"创立了谷歌公司，又一次在全世界引起轰动。此时，互联网已经开始在全球蔓延，越来越多的年轻人燃起了创业之梦。

1997 年，中国共产党第十五次全国代表大会提出了跨世纪社会现代化建设的宏伟目标与任务，并对落实科教兴国战略做出了全面部署。1998 年 5 月，清华大学发起首届"清华大学创业计划大赛"，在全国引起巨大反响。大赛历时 5 个多月，共有 320 名同学参加，受到了媒体、企业和投资人的广泛关注，中央电视台也对大赛进行大规模的报道。受此影响，这年年底，一个重要文件诞生了。

1998 年 12 月 24 日，教育部正式颁发了《面向 21 世纪教育振兴行动计划》[1]，提出实施"高校高新技术产业化工程"，带动国家高新技术产业的发展，为培育经济新的增长点做贡献。内容包括：高校要在国家创新工程中充分发挥自身优势，努力推动知识创新和技术创新，加快技术开发；要创造条件在高校周围，特别是高校集中的地区建立高新技术产业化基地，并发挥科技开发"孵化器"的作用。加强对教师和学生的创业教育，鼓励他们自主创办高新技术企业。

随着这部红头文件的诞生，大学生创业一时间成为社会风潮。刘庆峰们就是在这一利好政策的带动下，决定从兼职给导师打工到全职创业。刘庆峰之所以这么做，其实多少受到马化腾的刺激。

1998 年 11 月，马化腾和张志东、许晨晔、陈一丹、曾李青 5 位创始人共同创立了"深圳市腾讯计算机系统有限公司"。一年后，QQ 用户注册数达 100 万，马化腾的名字如雷贯耳。从技术的角度来讲，QQ 这样的软件，在专业人士看来，几乎没有什么科技含量。但就是这么一个简单的聊天软件，竟然创造出了如此大的神奇效果，它就像一块巨大的磁石，把当时的年轻人都吸附到了网上。

---

[1] 中国共产党第十五次全国代表大会上提出，教育部 1998 年 12 月 24 日颁发文件

"我完全可以做出比 QQ 技术含量更高的产品！"刘庆峰和他的团队都暗自不服气。

1971 年 10 月 29 日出生的马化腾，比刘庆峰大不了两岁，且只是深圳大学计算机系本科生学历。刘庆峰可是科大博士生，且拿到了国家 863 计划的奖金、在国际上都有名的红人。在潮流面前，马化腾抢走了风头，刘庆峰在心中暗暗下定决心，有一天一定要超越"小马哥"。

在刘庆峰正式启动创业的同一年 2 月，"互联网外行创业者"马云经过几年的摸爬滚打，终于找到了自己的创业方向，在互联网江湖掀起了巨浪。马云虽然不是 IT 科班出身，但他的眼光独到。在试水了几年黄页生意之后，马云和他的团队悄然南下，回到了自己的大本营——浙江杭州，成立了阿里巴巴公司。阿里巴巴高调推出不到半年，就成功吸引到了高盛基金的 500 万美元投资。阿里巴巴的横空出世与锋芒毕露，让刘庆峰坚定了创业信心。在这个 IT 当家做主的时代，只要身怀技术，纵使没有社会经验，又算什么呢？

几乎和刘庆峰同时迈出创业步伐的还有一位互联网大佬——技术派代表李彦宏。李彦宏早在 30 岁的时候，就在美国硅谷挣到了人生的第一个百万美金，实现了无数留学生的美国梦。1999 年年底，李彦宏拿着从硅谷风险投资商——信诚合伙投资公司（Integrity Partners）和半岛资本（Peninsula Capital）那里融到的 120 万美金，低调回国，利用这笔资金，在北大资源宾馆租了两间房，和 5 个技术人员，成立了大名鼎鼎的百度公司。

1997-1998 年，中国互联网世界还被"门户三大天王"——网易、搜狐和新浪所统治。一年时间而已，随着 BAT 的成立，中国互联网瞬间变了天。互联网创业热潮所带给世人的震撼，堪比第一艘载人航天试验飞船"神舟"号的发射成功。在激动人心的时代面前，刘庆峰和马化腾、马云、李彦宏他们一样野心勃勃、灵魂有火。

从创立时间上来看，腾讯创立于 1998 年年底，阿里巴巴创立于 1999 年年初，百度和讯飞创立于 1998 年年底。也就是说，他们几乎是同一时间创业的，但在很长一段时间内，"BAT"备受关注，而科大讯飞默默无闻。这就是刘庆峰后来执意挑战"BAT"的江湖地位、发誓要做"笑到最后者"的根源所在。

腾讯改变了沟通方式，阿里巴巴改变了购物方式，百度改变了搜索方式。刘庆峰始终坚信，讯飞能给世人带来的便利毫不逊色于"BAT"，甚至比它们更多。而这正是刘庆峰敢于和大佬较量的底气所在。

马化腾创立腾讯的时候 28 岁，马云创立阿里巴巴的时候 35 岁，李彦宏创立百度的时候 31 岁，而刘庆峰创立讯飞的时候只有 25 岁，这是他敢于说"BAT 等着瞧"的另外一个底气。

借钱发工资

　　刘庆峰最开始创业的时候，走了一个捷径：借鸡下蛋。他带领学霸团队加入一家福建公司投资的公司，以为团队负责研发、公司负责运营，这样可以省去很多麻烦。很快，他们就发现，这条所谓的"捷径"根本就不省心，他们在研发上做不了主，对方的经营实力也差强人意。在公司一度经营不下去的时候，刘庆峰借了10万元给大家发工资，稳定了军心，并开始着手建立自己的公司。

让刘庆峰从"兼职创业"走上"全职创业"之路，还有一个客观因素：靠别人不行。

1998年在863评比时，刘庆峰团队获得的是第一名，业界有很好的评价，因此大家对于研发实力有相当的自信，在创业初期就只想做好技术，把管理、财务、市场、销售这些业务全部甩出去。

　　我们一定要把科大的语音实验室做成中国的贝尔实验室！

这是当时他们喊出来的响亮口号。

和所有年轻管理者一样，刘庆峰一心想做大事，对于技术研发之外的"琐事"他都不屑一顾。虽然他响应国家863计划的"顶天立地"

号召，但事实上他只愿意做"顶天"的事情——要把核心技术做到国际领先，对于"立地"——立足于市场做出产业化并不感兴趣。

为了能够"顶天"，刘庆峰凭借自己的"863 红人效应"，把科大的优秀师兄弟都吸引来了。18 人团队里，个个都是"科大红人"。当时，BBS 很流行，科大 BBS 站上的六个版主，包括黑客版版主、编程版版主、科大 BBS 站长，统统被刘庆峰召集起来。这其中有当年中科大电子工程系的第一名胡郁，计算机系第一名、获得中科院自动化所保研机会的胡国平，以及中科大 BBS 黑客版版主、网络 ID 名为"绝地战警"的陈涛。

当时，刘庆峰并不认识陈涛，有人这样对他说："你的团队缺了陈涛玩不转！"于是，刘庆峰就很好奇：陈涛究竟有多厉害呢？他在 BBS 上多次留言给陈涛，终于获得了线下见面的机会，两个技术控对于语音技术的未来都有很多见解，一不小心聊了几小时。最后，陈涛答应加入刘庆峰的研发团队。

让刘庆峰大跌眼镜的是，几天后，陈涛竟然"反客为主"，扬言要收编他："有一家外资机构要投资我做软件，你可以跟着我一起干！"

"不去！"刘庆峰一听就上火了，"给老美打工我都没兴趣，更别说给日本人打工了！你就是干得再好，最后还是给别人做嫁衣！我们现在有自己的知识产权，有国家和科大的支持，干的可是振兴国家语音产业的大事……你自己再考虑考虑。"

最终，陈涛还是被刘庆峰的远见折服，放弃了眼前的几斗米，跟着他一门心思做技术研发了。其他人也对刘庆峰的"顶天"计划深信不疑。这群技术达人聚在一起，义薄云天，发誓要做中国语音技术第一团队。在他们看来，只要有了一流技术，市场自来，哪里需要花什么大力气去运营？没有技术含量的事情，只要交给外包公司就好了。

　　我们骨子里认定，除了搞科研是创新性工作，其他都是浪费时间之举，毫无成就感。

在这样的理念下，刘庆峰亲自下场领导技术研发，创业前 3 年的关键技术开发都是他说了算。

在语音合成的技术层面，有两种不同的模式：一种是参数合成，一种是波形拼接，两种方法是曲线前进的。参数合成就是模拟人的整个发音的生理过程，从腹部出来的气流经过声带的调整变成脉动气流，经过声道、牙齿和鼻子变成声音出来，这个过程可以用一个滤波器来模拟发音器官。前面肺部的气流就可以有一个激励源，就好像向一根管子里用鼓风机不断地鼓入不同的东西，管子变化出不同的形状，声音就出来了。语音最大的问题是，同一个字的声音在不同的语句里，不同的字体排列，不同的节奏、情况下，发音都不尽相同。波形拼接，就是从原始语音中把声音取出来直接拼，在声音剥离上做很小的调整，这种方法的好处是听起来每个音都很清楚，但可能会一字一顿的，自然度比较差。中国最早做语音采取的是波形拼接，科大钻研的是参数合成，而该技术正是刘庆峰带领技术团队夺得第一的，所以创业前期由他带领研发是顺理成章的事情。刘庆峰本人也乐此不疲。

市场专治浮躁、傲慢与偏见。认知的偏差，让创业团队很快遭遇了第一次重大挫败。

刘庆峰找的外包公司是中国银行福建省分行的下属企业，企业当时做到了"电子百强"的前四十几名，其董事长还是 1996 年的"全国十大杰出青年"。对方出钱在中科大办一个联合实验室，叫"中国科大中银天音智能多媒体实验室"。刘庆锋担任实验室的总工，负责研发，福建中银下属企业负责向市场推广研发成果。

对方出钱，创业团队出技术，看起来是天衣无缝的合作，但实际上矛盾重重。自古以来"吃人嘴软，拿人手短"刘庆峰团队提出的很多产品建议，常常得不到对方的同意。

他们今天恨不得让我们立即做个语音 PDA，明天又让我们做语音听写软件，后天却又让我们开发工商查询系统。我们拿人家的工资，没有发言权，只能指哪打哪。结果做了一大堆尝试，没有一个做深做透的，搞得团队很累又看不到前景。

那种"外行指挥内行"的憋屈，真把几位血气方刚的年轻人憋屈坏了。期间有几次，大家撺掇刘庆峰闹独立，但是刘庆峰认为，好歹等做出一款像模像样的产品，心里有了底气再自己开公司。刘庆峰的小算盘打得十分精明，一心借着别人的资本练经验。

刘庆峰的如意算盘很快就宣告失败了。1999 年春节前后，福建中银集团经营上出现了困难，大家的工资都发不下来了。没有办法，刘庆峰只好自己四处借了 10 万元，替福建中银集团给大伙发了工资，好让每个人能够回家过年。他这么做的目的只有一个：团队不能散伙！留得青山在，不愁没柴烧。

正是福建中银集团这个靠山的倒台，让刘庆峰明白了自主创业的重要性。"靠山山会倒，靠水水会流，靠自己永远不倒！"想明白这个道理，刘庆峰决定正式自建公司，开启全面创业之路。刘庆峰设法凑来了 300 万资金，注册了"安徽硅谷天音科技信息有限公司"，这就是科大讯飞的前身。这 300 万启动资金，有团队自掏腰包的，也有刘庆峰从合肥投资机构那里筹集来的。1999 年 4 月，"安徽硅谷天音科技信息有限公司"正式运作，但真正挂牌是 6 月。

刘庆峰事后坦言：

那时我就感觉到，如果由不是非常懂行的人来领导，不论此人多聪明、多有想法，都是很难的。于是，我们就成立了自己的公司——科大讯飞。[1]

---

[1] 2004 年 9 月 13 日刘庆峰接受 CIT 论坛专访时语

从"神枪手"到CEO

在创业之初，刘庆峰一心只想做技术"神枪手"，把科大的语音实验室建成中国的贝尔实验室是他当时的最大梦想。因此，他在合肥牵头组建了语音研发基地，并担任总工程师。创业团队推举刘庆峰当CEO，否则大家都将选择出国。为了心中的语音事业，他最终硬着头皮担负起来。

少年得志的刘庆峰，立志成为将语音技术产业化的第一人。他给自己和团队画了一张巨大的饼——很快就能做到100亿。"当时不懂什么规划，只是直觉认为市场足够有那么大。"凭着这张想象中的大饼，他开始在中科大广揽人才。

管理学上有一个著名的阿尔布莱特法则，就是将精英聚合在一起，反而会犯集体性愚蠢。一个典型的案例就是，1999年，也就是刘庆峰创业的这一年，美国宇航局在火星进行的气象人造卫星实验中，有英美两队精英工程师设计，一队工程师采用公里和公斤编写程序，另一队工程师采用英里和英镑运算，两队人马自以为无缝协作，结果悲剧发生了，卫星发射失败。优秀人才聚在一起，如果没有统一意见的领袖，不能形成共识，反而会什么也做不成。

在创业之初，刘庆峰团队也不幸戴上了"阿尔布莱特紧箍咒"。产品研发过程中，团队成员每天都有很多新鲜的想法，但因为各持己见，僵持不下，很难形成一套方案。研发人员其实都很孤傲的，大家本来都是科大的精英，对于做研发，都有自己的一套见解，因为没有一个明确的主心骨，经常在头脑风暴之后不了了之。这种面和心不和的局面，非常不利于创业推进。本来想做一个老好人的刘庆峰，只好站出来，扮起黑脸角色，成为技术研究的决策者。

　　除了"安内"之外，刘庆峰还要咬牙站出来"攘外"。现实让这个激情澎湃的年轻人逐渐褪去盲目的自信，开始变得理智起来。比起搞定内部团结，还有更严峻的任务等着他去完成：搞定市场，实现盈利！

　　　　最初我认为，只要有技术，市场是不愁的。后来我发现，我们在实验室里那些高精尖端的科研成果，在市场中全都叫好不叫座。创业逼迫我这个以前只懂得搞技术的人，不得不亲自跑到市场上去调研，去了解客户需求。

　　在真正去调研、了解客户、研究市场之后，刘庆峰发现：科研原来只是创业大棋盘中的一个小方格！不只是埋首搞科研才是创造性工作，把无人问津的产品推销出去才是最大的能耐。CEO 更像一个全能选手，他必须有决策能力、管理能力、社交能力、演讲能力……总之要比做研发复杂多了。

　　充分体会到企业 CEO 的价值所在之后，刘庆峰说：

　　　　做技术研发是一名神枪手，随着水平的提高可以越打越准。而当好一名有科学家头脑的企业家，就要像元帅一样，指挥成千上万的神枪手，向同一个方向射击，确保打赢民族语音产业这场大仗。假如非得我当这个元帅，那我只好认命，因为我太想这个事情成功了。[1]

---

[1] 参加《其实我想说》第三期节目接受《经济参考报》记者采访时语

　　然而，CEO 并不是那么好当的，虽然刘庆峰形式上接受了 CEO 角色，但内心一直在抗拒，直到一年之后，他的心态才彻底转变过来。他甚至这样说服自己："好的企业家和好的科学家，我认为是一样的。科学研究单点突破当然很重要，但是很多时候，科学研究是需要团结更多的人一起完成的，特别是交叉学科的突破。你善于沟通，能够点燃你自己和团队的激情，你才能做一件伟大的事情。"

　　转变过来之后，刘庆峰发现，适应企业家角色以后，因为招了更多的人，建立了更好的研发机制，产品研发提速了。也就是说，指挥神枪手越打越准了，这让他对创业进一步树立了信心。

　　没有什么天生的企业家，很多时候企业家都是被"逼"出来的。如果创业决心够大，想办成大事的企图心够大，原本只想坐着给英雄鼓掌的人也会在非常时刻站出来，扮演起独当一面的角色。就算是普通人，在成长的关头，也会默默"杀死心中的小孩"，悄然变成自己曾经讨厌的人。从"神枪手"到 CEO，刘庆峰完成了人生的一次重大内在改变：他从幕后舒适区走向了曾经畏惧的台前。

　　刘庆峰开始强迫自己"断舍离"，哪怕对技术研发再"上瘾"，也要断掉亲力亲为的念头，把更多精力用在整合社会资源、提升内部沟通和社交能力以及锻炼当众发言上。比如，当 CEO 之前的刘庆峰不太重视团队沟通这件事，觉得很浪费时间，认为只要自己想好了，团队去执行就可以了。当上 CEO 之后，他开始有意识地增加沟通时间和次数，虽然耗费的时间比之前多了，但总体上执行效率有所提高。曾经无限排斥的事情，为了企业的存活和语音产业的未来，刘庆峰都硬着头皮去做了。

　　当这个曾经的技术大咖开始尝试活跃在媒体面前，迎面而来的是同行的嘲笑：不学无术，就会忽悠。可是，谁能理解他的无奈呢？每当这个时候，刘庆峰就会开启自嘲模式：不想当 CEO 的科学家，不是好企业家。我要像爱因斯坦一样，把语音技术商业化，而不要像特斯拉一样一生守着技术郁郁寡欢。

向国际巨头发起挑战

阿里巴巴创业有十八罗汉，刘庆峰创业的时候也有一个 18 罗汉团队——他们是由 18 个科大学生组成的。尽管没有什么社会经历，但是初生牛犊不怕虎，他们要做的是向国际巨头挑战。1999 年以前，中文语音市场几乎全部掌握在国外公司手中，且 Microsoft、IBM、Motorola 等众多国际巨头都纷纷在中国设立语音研究基地，国内语音专业优秀毕业生也基本外流，竞争形势非常危急。正是在这种背景下，26 岁的博士二年级学生刘庆峰创办了科大讯飞。

刘庆峰当上 CEO 干的第一件大事就是整合源头技术资源。这也是他最骄傲的事情。正是因为从创业开始就重视整合源头技术资源，才有了现在"从源头占领技术高地"的底气。

科大讯飞在首次融资后利用公司的机制和产业优势，与中科院声学所、社科院语言所等在语音领域优势互补的科研单位建立了紧密合作，把大家局部优势整合起来，大大增强了民族语音产业在国际上的核心竞争力。这项工作对语音这样的交叉科学来说意义极大。

中科院声学所长期掌握着波形拼接技术，而科大擅长的是参数合成技术。两种技术其实是可以融合的。与中科院声学所联手之后，讯飞就可以研究出基于波形拼接的独特方法。为什么会产生这样的想法呢？因为 1999—2000 年，国际上开始兴起一种运用新型波形拼接技术建立大语量库的方法。要赶超国际竞争对手，科大讯飞需要借助中科院声学所的力量。而社科院语言所，科大讯飞一直和他们有联系，此次整合是为了更加深入合作。

刘庆峰逼着自己做"长袖善舞"的人，目的只有一个：向国际巨头发起挑战。1998 年，IBM 发布了语音系统，被评为当年科技界的TOP10 大事之一。IBM ViaVoice98 自带中文语音识别功能，无须键盘，只需要用嘴说就可以自动打字，其用意不言而喻：旨在拿下中国市场。很快，IBM、微软、英特尔、摩托罗拉等陆续开始在中国设立语音研究基地。国内语音专业本身就设置不多，优秀毕业生冲着这些外企开出来的高工资，纷纷为其效力。

在同样的薪资条件下，科大讯飞招不到合适的人才。当时刘庆峰在面试的时候很看好一位研究生，双方谈了很多，结果这位研究生最后还是去了摩托罗拉，这让刘庆峰很挫败。

从民族语音产业的发展来看，这种局面是十分不利的。另外，除了微软、IBM、摩托罗拉这些外企，科大讯飞还面临一个来自国内的强有力竞争对手——华为。当时，华为作为 IT 巨头，只要是电子计算机领域的人才全盘吸收，华为开出来的年薪起薪是 7 万，有些岗位高到 13 万，甚至比外企还高。而科大讯飞当时能提供的工资低至1600 元。在这种情况下，科大讯飞要和这些 IT 巨头硬碰硬竞争，无疑是以卵击石，必须想法突破包围才行。

思前想后，刘庆峰做出整合大动作。有了中科大、中科院和社科院这三张名牌，就可以把有民族情怀的人才会聚到一起。刘庆峰深信，和自己一样富有民族情怀的科研人士不在少数，总会有人不为眼前的高薪所折服。

事实验证了刘庆峰的判断。科大讯飞真的签下了一大批有抱负和梦想的人才。他们专注于语音和人工智能领域，有的受到全球最好的专业训练，在毕业后选择回到中国，有的留在北京，有的来到了合肥。

他们不为钱，只为梦想。因为有些人已经解决了个人的财务自由，他们只想找到一个梦想的支点，让自己获得生命的价值感。他们不想做别的事情，就想做语音技术。

刘庆峰幸运地吸引到了这样一群具备真正科学家精神的人才。他们不仅接受了 1600 元月薪，还和刘庆峰签了 3 年的劳动合同和保密协议，没有一个人提待遇提福利的。这些人之所以选择科大讯飞，当然也有刘庆峰的个人影响力。刘庆峰在技术上的名气、他为了民族语音产业而放弃出国机会，对于这些"同好"来说，无疑受到了很大的鼓舞。

俗话说，一个巴掌拍不响。合作必须是双方都有意愿才行。当时社科院语言所、中科院声学所也有冲破国际巨头垄断的需求。这两大语音技术研发机构，长期受国家 863 计划支持，一直想做出完整的系统，而且，他们辛苦培养的研究生都被微软、IBM、摩托罗拉吸引走了。这些国际巨头表面上是成立本土研究院，实际上是把中国语音技术人才一网打尽，从源头上让我们的语音产业发展不起来。当刘庆峰提出成为联合机构，提供研究经费，让科学家能安心地从事他们所擅长的研究，社科院语言所和中科院声学所举双手赞成。让两家科研机构面向市场做销售，确实也很难为他们。大家的目标很快达成一致，联合实验室负责研发产品，科大讯飞负责市场运作，在有效整合的基础上，加快赶超国际巨头的速度。

就这样，有了技术联盟和人才支撑，刘庆峰对挑战国际巨头树立了信心。在完成资源整合之后，他才终于有底气对外说：

中文语音技术应当由中国人做到全球最好，中文语音产业应当掌握在中国人自己手中。

与技术死磕到底

　　不同于 BAT 迅速搭上互联网经济的风口一飞冲天，科大讯飞走的是另外一条道路：与技术死磕到底。这是一条看不到尽头的长路，刘庆峰决定发挥"板凳要坐十年冷"的精神，做笑到最后的人。

　　"在关键核心技术上占领制高点，核心技术持续保持国际领先！"这条法则如今已被写入科大讯飞的企业准则之首。这不是一句空话，而是一句成长总结。

　　技术创新型公司是科大讯飞给自己的定位，20 年来从未动摇。作为理工男，刘庆峰看问题一直都很本质：要打败国际巨头，只能靠技术领先。虽然做的是振兴民族语音产业的事情，但他不希望自己的企业动不动靠"民族情怀"来博人眼球，他更希望别人提起讯飞会说："哇，讯飞的技术真是牛！讯飞的产品比微软、谷歌、IBM 的都强！"

　　与狼共舞、与技术死磕到底，这是刘庆峰给自己定下的创业基调。创业有很多路可以走，其中不乏捷径，唯有掌握核心技术并做到技术领先这条路，是一条看不见尽头的长路。所以很少有企业把"发誓掌握行业核心技术"挂在嘴边，写在企业章程之中。更多的企业选择的是模式创业，而避开技术创业。

　　但是刘庆峰不一样，他是参加过国际比赛并获得过国际奖项、被国际巨头予以认可的技术人员，他觉得自己有资格且有实力说这句话。有了中科大、中科院、社科院的三力加持，如果讯飞都不敢在技术上挑战国际巨头，舍我其谁？技术创业的风险较大，技术商业化充满困难，但总得有人去做这件事。

作为校办企业，我们有义务为国家科技振兴做点贡献！

这是刘庆峰反复对团队强调、也被创业团队一致认可的创业理念。

从国家层面来看，纵观全球，聚焦于创新性创业政策的国家，GDP 通常远高于其他国家。从现实层面来看，技术创业的赛道长，你跑一万米不见得看到对手；模式创业的赛道短，百米冲刺后可能就分胜负了。但从最终回报的角度看，技术创业所能带来的回报率要远高于模式创业。

选定技术创业之路后，刘庆峰提出了一个"小目标"——打造一个中国的"贝尔实验室"。在 CEO 角色之外，他为自己设定的角色是"实验室主任"和"总工程师"。

想搞技术，实验室必不可少。从大二开始刘庆峰就被选入中国科技大学与国家智能计算机研究开发中心共同设立的"人机语音通信实验室"，在王仁华教授的带领下参与科学研究；在研究生阶段，他就担当起"人机语音通信实验室"的主要项目负责人。自然而然地，在创业之后，他就很想拥有自己的实验室，一心想打造出全国乃至全球最厉害的实验室之一。

为什么要对标贝尔实验室呢？在世界众多著名实验室中，贝尔实验室是最有影响力的私人研究机构。自 AT&T 公司 1925 年成立贝尔实验室以来，该实验室就先后获得过 25,000 项专利，高峰时期平均每个工作日获得三项专利。从贝尔实验室走出了 13 位诺尔贝物理学奖和化学奖的获得者。贝尔实验室还获得过 4 项图灵奖，而图灵奖被公认为"计算机届的诺尔贝奖"。

1997 年 5 月，贝尔实验室正式进入中国，分别在北京和上海成立了开发实验室。1998 年 7 月，又在北京成立了贝尔实验室亚太区通信软件中心，并于同年 11 月将其亚太及中国总部设在北京。贝尔实验室不仅在中国开分点，还积极与中国高校建立了紧密的合作关系，与清华大学合作建立了 3 个联合实验室；与中国科学院软件研究院建立了 1 个联合实验室；与复旦大学合作建立了 1 个联合实验室。

贝尔实验室在业界的名声以及它的企业投资背景，是刘庆峰在计划建立自己的实验室时自然联想到的对标对象。而贝尔实验室在中国的一连串行动，则是刺激刘庆峰一定要这么干的直接原因。

> 贝尔实验室与清华复旦等大学合作，一旦垄断了技术资源，那民族语音产业岂不是没有了出头之日？我们必须建立自己的实验室，与之抗衡，才能把技术真正掌握在自己手中！

带着这样的想法，刘庆峰对小伙伴提出了自己的计划：打造"中国版贝尔实验室"。

也就是说，打造"中国版贝尔实验室"，既有向贝尔实验室致敬的意思，也有和它直接对抗的意思。从打造"中国版贝尔实验室"这件事上，我们不难看出刘庆峰在技术创新上的雄心。

"饿了就啃黄瓜充饥"

> 情怀只能是情怀，创业之路还得靠一步一个脚印地走出来。因为经费有限，刘庆峰和 18 个小伙伴充分发挥艰苦奋斗的精神，每天挤在租来的民房中，炎炎烈日他舍不得开空调，几乎天天吃盒饭，有时候饿了就啃黄瓜充饥，即便如此，甘之若饴。

1999 年 2 月，在浙江杭州一个叫湖畔花园的小区，18 个人挤在 16 栋 3 层的一间破旧房子里，听着"领袖"马云发表演讲。马云讲了两小时，然后把兜里的钱"啪"地甩到桌子上："现在，兄弟们，留下吃饭钱，把剩下的钱全部掏出来，咱们正式开始创业了！"这就是阿里巴巴"十八罗汉"的典故由来。

就是这么巧合，3 个月后的"五一"节，在安徽省合肥市蜀山区龙河路的西园新村小区，也上演了类似的戏码。只不过，刘庆峰当时的演讲水平和马云有一定差距。当然，他也不需要如此大动干戈地演讲。因为和阿里巴巴"十八罗汉"不同的是，科大讯飞的"十八罗汉"是清一色的学生，无论是博士生还是研究生，他们终究还是单纯的大学生，而且是重数据甚于情感的理科生。

大家都是冲着刘庆峰来的，他也不得不发表一番讲话。不过他的讲话很朴实：

> 我们就先干半年，成的话以后大家都是讯飞的股东；不成的

话就散伙，该出国的出国，该找工作的就去找工作。

　　这些理科生对物质条件要求不高，对于每天挤在三室一厅的民宅办公并无怨言。每天看着挂在住宅楼上的"科大讯飞信息科技有限公司"招牌，他们就感觉无比自豪。的确，在"美食城""家教""计算机"等小招牌中，科大讯飞的招牌最大，给人最像公司且鹤立鸡群的感觉。因为有梦想有情怀有激情，他们经常熬夜加班到凌晨三四点而不觉得累，这所普通的三居室因此有了一个很文艺化的名字——"星星工作组"。

　　18个血气方刚的年轻人，大夏天蜗居在一间民房中，因为舍不得买空调，白天他们只能赤身汗流浃背。晚上天气转凉，正是加班的好时候。累了的时候看一看满天繁星，也是一种乐事。

　　西园新村中央有一块占地10余亩的天然池塘，每当加班到凌晨的时候，大家会拿起宵夜，不约而同地站在窗前，对着满天繁星，大话未来。往往从千万财富开头，最后回到了编程讨论，有了想法立马继续战斗。

　　他们的宵夜，有时候是剩盒饭，偶尔有三河米饺，更多的时候是黄瓜。夏季最不缺的就是黄瓜，几块钱的黄瓜足够一屋子吃了。

　　有一次，加班到四点，刘庆峰拿起最后一根黄瓜，见胡郁和胡国平凑过来了，就大方地掰成了三截，一人一小截黄瓜，又加班到了天亮。

　　因为经费有限，他们每天都靠吃盒饭、啃黄瓜充饥。当时条件有多苦呢？有一个播音员最有发言权。当时，他应邀到科大讯飞录音，因为一录就是一整天，中午他就和"十八罗汉"一起吃饭。

　　当时，快到饭点的时候，这位播音员听到刘庆峰指挥几个正在编程的人停下手头的工作，去楼下小饭馆一趟。他以为是提前点好菜，这样下去就吃，可以节约排队时间。谁知道，几位工程师一会儿就吭哧吭哧回来了，几个人从小饭馆端来几个钢筋锅，每个锅里面只有一种菜。办公室的椅子不够，大家索性全部站着吃，那种场面，比工地的民工还"惨烈"。

这位播音员吓了一大跳，还没有见过这么"抠门"的公司，请来宾吃饭，竟然在自己的办公室站着吃。他一度怀疑自己进了传销窝。可是，他又分明看到，大家吃得那么泰然，哪怕有他这个外人在，也没有觉得有什么不对劲的地方。就算是啃黄瓜，因为心中有梦，似乎嘴巴里都是甜的。

吃穿大家可以不讲究，但是搞研究的机器要讲究。有一天，一位师兄把刘庆峰拉到楼梯间："我的显示器总是坏，你得帮我换个新显示器。"

人被拉着，刘庆峰也不好拒绝："行吧，那就买一个，别跟别人说。"

"那换个 17 寸的可以吗？"

"不行！"这下刘庆峰不跟他客套了，他一秒没想就回绝了，"现在账上就剩七万块钱，你看着买吧。"

这位师兄看刘庆峰如此坦白，最终也没有换显示器，每天和它斗智斗勇，坚持到刘庆峰融资成功后才换掉。

对于这段艰苦岁月，刘庆峰如此说：

真正发自内心的喜欢某件事，是感觉不到苦和累的。

大学生创业，最不缺的就是情怀和热情，这是他们的优势所在。但情怀只能是情怀，热情随时会减退，唯有坚持下去才是永恒的真理。什么会让刘庆峰最受不了呢？就是辛苦研发的产品遭到市场冷遇。当看着自己起早贪黑、披星戴月研发出来的产品，不为市场接受，团队的满腔激情就像巨大的气球被扎了个洞，一下子泄气了。

"半年后散伙"差点一语成谶。在人心涣散的紧要关头，刘庆峰不仅稳定了军心，还带领科大讯飞走出逆境，实现扭亏为盈。

启示："板凳要坐十年冷"

正如网友所调侃："如果不是美国把科大讯飞列入了实体名单，我们都不知道科大讯飞已经这么厉害了。"因为没有像 BAT 一样吃到互联网时代的红利，科大讯飞多年来一直默默无闻，尽管它和 BAT 同期创业。

那么，科大讯飞为什么又在 20 年后成为备受关注的企业呢？一个重要的原因就在于，它从创业开始就坚持长期价值主义。按照刘庆峰的话说就是——"板凳要坐十年冷"。现实比他预估的还要残酷，这条冷板凳他们一坐就是 20 年。

关于技术创新，刘庆峰有这样一段名言：

> 任何创新都是一个痛苦的过程。真正的创新像花儿一样，只有经历了种子在黑暗期的孕育，小草一样的成长，才能开花结果。快餐式的急功近利，就像掐回来的花朵，很快就会枯萎。

从刘庆峰创业科大讯飞的经历我们可以看出，长期价值主义有几个明显的特征：

（1）目标高远，坚持把时间和信念投入能够长期产生价值的事情中。

"中文语音技术要由中国人做到全世界最好，中国语音产业必须掌握在我们自己手上。"刘庆峰听从并切实贯穿执行吴宗济老先生的这一建议，把它作为创业最高目标，矢志不移。在刘庆峰身上，我们

看到了"人生只为一件大事而来"的科技英雄气概。可能是因为和
"BAT"同期创业，刘庆峰始终拿"BAT"的高标准来要求自己。"BAT"
在各自擅长的领域改变了国民生活，刘庆峰也希望能像他们一样在"改
变国民生活"上做些什么。这就是他以语音技术为支点，与大咖死磕
的内在动力。

（2）对人才和技术要舍得投、长期投、连续投，必要时可以为
长期利益牺牲短期利益。

科技企业技术的持续领先才是核心竞争力。刘庆峰在创业伊始，
就抓住了"命门"。作为学霸型技术男，他对技术有天生的崇拜感。
对于他而言，没有什么比掌握先进技术，更能让他和企业感到安心的
了。英雄相惜，技术人员之间相互欣赏并较量，基于此心理，刘庆峰
发自肺腑地招揽、投资技术人才，力求"天下英雄入吾彀中矣"。

（3）长期坚持做不赚钱的事情，为了长远目标愿意牺牲个人的
短期赚钱机会。

做语音很难赚到快钱，这是刘庆峰一开始就知道的，但是他坚持
只做这一件事！科大讯飞创业的时候，正是中国房地产的黄金时代，
但讯飞没有涉足房地产生意；作为技术傍身且拥有荣誉光环的刘庆峰，
如果愿意，其实可以有很多挣快钱的机会，但是他也抵制住了诱惑。
在抵制诱惑这件事上，他比一般大学生创业者要成熟很多。对于理想
公司，刘庆峰有自己的见解：

> 伟大的公司是什么样的？第一是真正解决了社会刚需，推动
> 社会进步，而不是只是挣钱；第二是在源头技术上能有全球领先
> 的成果，能代表国家参与未来全球竞争。

（4）"一根筋"越走越坚定，越走越不孤独。

刘庆峰有足够的战略定力，也有足够耐心，在坚持这件事上，很
少有科技型企业家像他一样，一做就是 20 多年。在他的坚持下，不
被看好的语音产业，吸引到越来越多的入局者。一开始比较孤独，但
路越走越宽，同行者越来越多，这就是长期主义的魅力所在。

第三章

技术落地（2000—2004）

　　作为大学生创业者，刘庆峰团队在创业前期过于理想化，以为只要技术足够先进，创业成功是立竿见影的事情。然而，现实无情地打击了他们。公司最早生产的 toC 产品因为产品理念过于超前，不被市场接受，公司数度陷入资金危机。在濒临破产、人心动摇的时刻，刘庆峰做出了坚决不做房地产赚快钱的重要决定，创业得以沿着正确的方向前进；与此同时，为了解决燃眉之急，刘庆峰带领团队转换思路，从 toC 转型 toB，借助华为、中兴拿到了大客户，扭亏为盈。在这个艰难的转型过程中，刘庆峰得到了柳传志、郭广昌等企业家的赏识，在大佬的鼎力相助下，刘庆峰团队度过了创业危机，站稳了脚跟。

更换赛道挣快钱?

　　创业初期，刘庆峰对科大讯飞的未来充满希望，觉得凭借他们团队的实力，营收应该很快就可突破10亿元，公司3年后就可以上市，很快就可以做到100亿。然而现实是残酷的，刘庆峰首先面临的是融资难问题。当时月开销30万，而他们账户上只有20万元，没人愿意投资，这种情况下，有人建议不做语音合成，改做快钱项目。最后刘庆峰开了一次会，就是科大讯飞历史上的"半汤会议"。

　　2000年10月，刘庆峰带着18名创业兄弟从合肥驱车一小时抵达半汤温泉——位于安徽巢湖市东北部的汤山脚下，因一热一冷两大泉水汇聚成冷热各半的自然景观而得名为"半汤"。在这里，他们召开了为期两天的年度会议，这次会议被称为科大讯飞公司历史上著名的"半汤会议"。

　　创业初期，刘庆峰对未来充满希望，觉得凭借他们团队的实力，营收应该很快就可突破10亿元，公司3年后就可以上市，很快就可以做到100亿。

　　然而现实是残酷的，刘庆峰创业前几年一直在为钱发愁。最难的时候，他们月开销30万，而账户上只有20万元。在终于拿到3000万的投资时，刘庆峰决定召开这次会议，为公司好好布局。但让他始料不及的是，长期入不敷出的苦日子导致的内部分歧比他预想的更严重。

有人说："语音识别市场虽然前景很好，但需要坐冷板凳多年，不如继续找个大企业，卖了得了。"

有人说："找不到买家，趁着还没有亏空，把公司解散了，咱们把钱分了。"

有人说："现在房地产这么热，不如拿着 3000 万，咱们炒房地产吧！"

……

看着兄弟们越说越离谱，刘庆峰的火气越来越大，他瞪大眼睛质问大家："按照各位的意思，是不想继续做语音产品了？"

热火朝天的气氛一下子降到了冰点，大家都低头望着桌面，用沉默不语回应老板。

刘庆峰的心里特别不是滋味，理想和现实的冲突让他忍不住眼眶发热。

两年前，在国家 863 比赛中，刘庆峰牵头拿了语音合成技术第一名，一时风光无限，引起了李开复的注意。当时，李开复在微软中国担任副总裁，创建并领导微软中国研究院（后改为微软亚洲研究院）。急需人才的李开复，看上了刘庆峰，他准备把微软奖学金颁发给刘庆峰，只有一个条件：刘庆峰必须到微软做一个月的研究。

按照李开复的计划，只要刘庆峰在微软工作一个月，自己就有信心"降服"这匹烈马，令其成为微软中国的"一杆枪"。但是，刘庆峰没有给李开复这个机会。

当时一心想干出一番大事业、为梦想燃烧激情的刘庆峰，根本不愿意屈尊给别人打工。李开复再三发出邀请，开出来的条件越来越具诱惑性，但刘庆峰都拒绝了。李开复事后坦言："刘庆峰是这么多年来唯一拒绝过微软奖学金的人！"

刘庆峰拒绝出国深造，拒绝到微软这样的大企业工作，他一心希望做的是，像美国硅谷的 IT 创业者一样，将命运掌握在自己手里，用习得的技术创造商业奇迹，进而改变人类生活。可以说，刘庆峰选择的是最艰难的道路：在前途未卜的语音行业创业，可能会开辟一条康庄大道，可能会成就一世传奇，可能……但唯一肯定的是，这是一条布满荆棘之路，可他却为之热血沸腾。

为了致敬大西洋彼岸的硅谷创业英雄，刘庆峰给初创公司起了个土洋结合的名字：安徽硅谷天音信息科技有限公司（下称"硅谷天音"），并明确了"将主要精力放在语音合成引擎的开发上，以此来吸引风险投资"的运营战略。

为什么要引进风险投资呢？首先，这是硅谷创业英雄们的惯用手法；其次，现实所迫。

按照刘庆峰创业前的预估，手里的 300 万启动资金，怎么也能支撑两年时间。事实上，这笔钱根本就不够花半年，每个月花的钱远远超出预算。这让作为 CEO 的刘庆峰压力很大，忍不住怀疑自我，一度产生卖掉公司的想法。跟当年马化腾尝试着卖掉腾讯一样，刘庆峰"卖身"的想法也遭遇了这样那样的阻碍。

当时，语音行业呼声很高，除了刘庆峰，市面上其实有不少同行也在探索中文语音识别的商用化和产业化。比如，车音网的创始人沈康麒，当时也是开拓者之一。他最早成立的公司叫金耳麦科技有限公司（下称"金耳麦"），该公司在成立 8 个月后就被实力雄厚的言丰科技收购了。言丰科技和世界语音名企 Nuance 齐名，是由华人梁康忠于 1996 年在境外创立的。梁康忠收购金耳麦之后，让沈康麒担任言丰中国操盘手[1]。

沈康麒被赋予的使命是提升言丰科技的战斗力，和 Nuance 公司

---

[1]《全球最大语音识别公司 Nuance 的浮沉史（上）衰落篇》，亚峰，雷锋网，2016 年 8 月 28 日

抗衡。沈康麒因此注意到了硅谷天音。在沈康麒看来，硅谷天音和金耳麦在技术上优势互补。他多次找到刘庆峰，两人相谈甚欢。沈康麒向言丰科技建议，希望能够收购硅谷天音。然而，遗憾的是，公司拒绝了他的建议，收购了另外一家境外公司。

收购计划虽然失败了，沈康麒和刘庆峰的友谊却从此建立了。如今，在外人看来，车音网和科大讯飞是竞争对手，但沈康麒并不这么认为，他视刘庆峰为"难得的队友"。他的黄金搭档王力劢更是感叹："从行业的角度来看，我们很庆幸，讯飞也扛过来了。这个行业里没有多少旅伴，多些人一起往前跑实际上更踏实。"

"卖身"失败后，刘庆峰决定再也不干如此憋屈的事情了，可手里没钱要想挺直腰杆谈何容易。在不懈努力下，他终于找到了新的风险投资人。对方提出的条件是，硅谷天音要想获得更大的发展，必须从合肥这个"偏僻之地"，搬到北京或者上海。

捉襟见肘的刘庆峰有心从了资本的要求，但有一个人却不答应了。这个人就是合肥市时任市长。

在市长看来，中科大就是合肥最大的名片，如果把这张名片弄丢了，合肥与一线城市相比，就更无存在感了。过去中科大尽管名气很大，但一直充当着"为他人做嫁衣"的角色，他们辛苦培养的人才总是被华为、中兴等企业轻轻一挥手就招走了，留在本地的人才本来就少，好不容易出现了一个中科大自办企业，如果这时候也被抢走，那么合肥"为他人做嫁衣"的宿命就更难扭转了。

基于这层考虑，市长亲自出面，为硅谷天音解决资金问题。在他的牵线下，合肥美菱股份有限公司、合肥永信信息产业有限公司以及安徽省信托投资公司三家企业分别出资 1000 万投资科大讯飞，各占17%。硅谷天音的资金危机解除了，但它也被迫改名为"科大讯飞"，从此成为背靠合肥政府的企业。

对于这天上掉下来的 3000 万，团队欣喜若狂，只有刘庆峰在反应过来后脊背发凉：三家投资公司的股权加起来占了科大讯飞的 51%

股权，这意味着创业团队随时可能会失去公司的掌控权。这次融资为刘庆峰敲响了警钟，在随后的融资中，他才始终坚持一条：团队必须做第一大股东。

3000 万资金到位，在刘庆峰准备大干特干的时候，内部矛盾出现了。刘庆峰第一次发现和自己一条心的创业兄弟们，居然不团结了。尽管隐约意识到有分歧，但创业团队在半汤会议上的表现依然让他震惊。

刘庆峰之所以选在这个"热冷交替"的地方召开会议，原本是要让大家先在享受温泉中彻底放松，然后再回顾一下创业历程，好好为未来的奋斗道路加一把劲儿。他也没有想到，总结年会最后会变成"整风会议"。

听大家的发言，都是更换赛道挣快钱的意思。这种思想动摇和当年红军长征时遇到的问题很像啊！在前途未卜的时候，思想开小差是正常的，但是脱离根据地的极端想法又是很危险的。语音合成技术是团队的核心优势所在，做语音产品是公司要盘踞的根据地，离开优势去进攻其他不擅长的领域，可能会挣到一点快钱，但长期来看，一定会失去立身之本。

想到这些，刘庆峰激动得移开了凳子，腾地站了起来，一拍桌子，当场撂下狠话：继续做语音，这个大方向没商量的余地，谁不愿意谁可以走人。

气氛凝重到能听到每个人的呼吸声。为了打破尴尬，刘庆峰开始在会议室踱来踱去。他花了半小时酝酿，终于说出了这句最能代表自己态度的话：

燃烧最亮的火把，要么率先燎原，要么最先熄灭。

如今，这句话被刻在科大讯飞公司大厦最醒目的位置上。旨在时刻提醒大家，既然已经选择"在路上"，那么为了生命的远行，就不能惧怕流血；要么星火燎原，要么熄灭梦想，创业没有中间路；要想让梦想不熄灭，大家首先应该统一思想，统一行动，矢志不移，奋斗到底，因为只有齐心合力迅速把产业做起来、规模做大、形成盈利，才能真正活下来。

每个创业者在早期都会遇到这样一道关卡：半途而废的考验。太多目光短浅、意志薄弱的创业者，选择浅尝辄止，改弦易辙，然后或小富即安，或遗憾终身。刘庆峰显然不属于这类创业者，他是那种咬定青山不放松的选手。

所幸，科大讯飞有刘庆峰这样一位意志坚定的领头羊。正是因为有他在关键时刻的"黑脸"决定，科大讯飞才成了日后在语音领域的一枝独秀。

经过"半汤会议"的思想整风，创业彻底步入正轨。

实际上，18 位思想单纯的理工男，内心深处也都放不下语音合成技术，他们只是看到公司迟迟赚不到钱，为自己的"团长"着急，才说出了那些话。毕竟，刘庆峰在没融到资金的时候，自掏腰包为大家发工资，大家既感激，又担心。有了刘庆峰的正式拍板，团队就立刻调整思想，心无旁骛地把精力投入到语音产品的研发上了。

第一款产品"畅言"遇滑铁卢

科大讯飞创业后推出的第一款产品"畅言"遭遇了滑铁卢，因为太前卫，市场不接受。在团队产生动摇之际，刘庆峰的态度是："如果不看好语音，请走人！"

是什么让原本团结一致的创业团队发生了分歧并出现改弦易辙想法呢？这得从公司的第一款产品说起。

科大讯飞创业后推出的第一款产品叫"畅言2000"。"畅言2000"是用语音控制电脑桌面，解放双手与键盘，从而提高电脑的使用效率。这个想法，放在现在也很前沿。

为了让这款产品更便捷、更人性化，团队来回打磨了半年多。最终做出来的产品，大伙儿都很满意。现在来看，这款产品依然可圈可点：高效易用的"统一输入法"、人性化的"语音导航中心"、功能强大的"听写板"以及日常生活好帮手"语音小秘书"。这些对于上班族来说，真的很实用，尤其是办公室人员。

"统一输入法"把语音输入的快速性、键盘输入的准确性、手写输入的随意性较好地结合在一起，解决了普通人打字慢的问题；"语音导航中心"通过用户的语音命令来操作计算机，使得从简单的文件管理操作到听音乐、上网、学习等，都可以用语音来实现，让不擅长使用电脑的人也可以轻松自如地用电脑进行学习、娱乐和工作；"听写板"结合了语音导航功能和统一输入法，用语音就可以完成文档的输入编辑工作，让文职工作者的效率大为提高；"语音小秘书"以电子日记本的形式让用户可以随时将自己的想法记录下来，另外它还有语音日历和日程安排模块，这样习惯用清单安排工作的人，可以撇开便利贴和笔记本，轻松地在电脑上安排自己的工作和生活了。

总而言之，"畅言 2000"是一款旨在提升办公效率的便捷软件，它的用户需求挖掘得相当深。如果放在今天，一定会受到时间管理者的追捧。

产品开发出来后，刘庆峰自信满满地对团队说："要不了 3 年时间，我们就可以实现 10 亿营收，甚至 100 亿都不在话下！"

然而，现实随即啪啪打脸。因为产品太过前卫，市场接受度很低，渠道方面几乎都是反对声。要知道，当时电脑普及率并不是很高，办公软件除了 office 系列和用友财务软件深受欢迎之外，其他的软件都不是很好卖。像"畅言 2000"这样的"声控软件"过于前沿，在渠道商看来，太华而不实了，他们连推广的意愿都没有。

为了推广"畅言 2000"，科大讯飞拿出一大笔钱在全国十几个省打广告，高调招商。在时机成熟之后，专门召开了一场新闻发布会。2000 年 5 月 10 日，科大讯飞以"首届中文语音技术创新及产业发展研讨会"的名义，把能叫到的销售商都叫来了。刘庆峰现场讲解了"畅言 2000"的四大功能，还对比了 IBM 公司的 VIA VOICE 产品。"畅言 2000"正是对标后者开发出来的，在 IBM 的语音识别技术基础上增加更多本土化的升级功能。就技术而言，销售商都比较认可这款产品，这场发布会现场招商上千万。

但是，产品正式流到市场之后，代理商开始叫苦不迭。售价 2000元一套的"畅言 2000"，几乎可以用无人问津来形容。消费者根本不买账，大多数产品都积压在代理商那里，代理商天天找他们退货。最终的结局是血本无归。

一款被寄予厚望的产品，在还没有进入它的目标群体手里，就夭折了。团队的挫败感可想而知，就连刘庆峰也一度急得直搓手：

"为什么？为什么？为什么？产品明明很实用啊！"

他问了问身边的熟人，大家反问他："2000 元都快能买一个组装机了，你会花这个钱买一套软件吗？大家可是连 Office 系统都用盗版的呀！"

刘庆峰一下子就明白过来了，是定价出了问题！可是他无能为力，因为当时的商业模式几乎都是采取层层代理制，为了照顾各级代理商的利润空间，产品价格很难降到很低。新成立的公司，如果毛利率太低，代理商根本就不感兴趣。"畅言 2000"的离岸价是 1000 元，给各级经销商一半的利润空间，为的就是让他们肯推销。

那么，同样的价格，卖给企业是不是就没有问题了？

刘庆峰正在考虑这个问题的时候，有人建议，既然语音合成技术赚钱太难，不如我们改做房地产吧？

刘庆峰一听就炸了："不看好语音产业，请滚蛋。"

刘庆峰是典型的长期价值主义者，选定了他认为有意义的事，又怎么可能因为眼前的利益而动摇呢？他最讨厌的就是浅尝辄止。

恢复理智之后，刘庆峰第一次意识到：活下去才是关键！活下去就要赚大钱，赚大钱就要找大客户，于是科大讯飞把目标对准企业客户，抓一单养活半年甚至一年，这才是创业企业该干的事情。拿定了主意，刘庆峰开始向中国移动等不差钱的客户发起了进攻。从 C 端转战 B 端，这一思路的调整，为讯飞带来了转机。

不过，刘庆峰真的不是一个轻言放弃的人！"畅言 2000"是在他的总指挥下研发出来的，怎么可能说废掉就废掉呢？人总是对"初恋"念念不忘。"畅言 2000"就相当于创业团队的"初恋"。虽然"畅言 2000"这款产品遭遇了市场滑铁卢，但是"畅言"这个品牌却被保留下来了。刘庆峰惦记着这个品牌，在科大讯飞终于站稳了脚跟之后，又开发出了"畅言"系列产品。谁能想到，20 年后，一场突如其来的疫情，让"畅言"系列又活了过来。

君子报仇，十年不晚。从对"畅言"的执念上，我们可以看出刘庆峰对于自己的语音识别技术是多么自信，同时对失败又是多么"记仇"，在哪里跌倒就要在哪里站起来，哪怕时隔 20 年。

转变市场，拿下华为订单

遭遇市场冷遇之后，刘庆峰痛定思痛，从 toC 市场转向 toB 市场。他们向各大企业推销，最终在 2000 年年底，通过了华为的稳定性测试，拿下订单，撬开了新市场。很快赢得了联想、英特尔等 50 家客户，逐渐扭亏为盈。

"兄弟们，中国电信在咱合肥一个城市的单子就是千万级别的，如果咱们把它 30 多个省会城市的单子都拿下，那可是数亿的收入啊！"在经历"畅言"的短暂挫败之后，刘庆峰又开始带领大家"畅想"了。

"你还没算联通呢。"陈涛附和道。

可是还是有人提出了大家共同的疑问："刘总，我们都知道这些企业的钱好赚，但他们凭什么愿意和我们合作呢？"

"事在人为！不试试怎么知道呢？"刘庆峰乐观地回答。

接下来，他真的带着 3 个相对能说会道的小伙伴，几个人相互壮着胆子一起去找中国移动谈判。对方的态度再次让刘庆峰大受挫折，因为没有资质，他们根本就没有竞标的资格。也不能怪移动公司太"势利眼"，市场有那么多大公司围着他们转，他们没有理由把千万级的业务交给一个成立一年多的小公司去做。

眼看着"十八罗汉"又心灰意冷起来，刘庆峰镇定地对大家说："不就是资质嘛，我已经有解决办法了。"

大家将信将疑地望着他，刘庆峰却卖起了关子。

刘庆峰想到的对策是找大公司"借鸡生蛋"——既然电信公司愿意找大企业合作，那么讯飞就把技术嵌入到大企业的系统平台上。他的目标是华为公司，但也是自己的一厢情愿，他也不知道华为会不会同意，所以不敢贸然给团队说明。

刘庆峰为什么会想到华为这个国产通信老大呢？原来，刘庆峰和华为之前有过一段"交情"。1996 年他在研究生二年级时，带队获得全国"挑战杯"大学生科技作品竞赛一等奖，他们的"语音合成系统"轰动了业界。[1] 暑假时，刘庆峰应华为公司的邀请，前往华为公司帮助其优化 114 电话语音平台。利用两个月的暑假时间，刘庆峰通过语音合成技术出色地完成了任务，使得电话语音接近于真人语音，这让华为很满意，在 4 万元奖金的基础上额外发了 1 万元的奖励。这是刘庆峰勤工俭学拿到最多的钱，他开心极了。也正是这段暑期打工经历，让刘庆峰看到了语音技术的产业化前景，有了留在国内发展和自己创业的念头。

问题是，当时他只是为华为打零工，现在是要谈上千万的合作，对方会不会同意真的是个未知数。

为了打动华为，刘庆峰又亲自率队开发了一套针对企业客户的新产品。这套为客户提供核心能力的软件借鉴了 Intel Inside 的部分做法，刘庆峰给它取名为"iFLY Inside"。这一模式，意味着越来越多的市场主体进入语音的产业链当中。

> 我们只负责开发引擎、语音合成和语音识别芯片，而应用集成则由下游的开发商或客户自己完成。

2000 年年初，刘庆峰带着新开发的语音合成系统，到华为的大本营——深圳，参加高交会。刘庆峰知道，华为的人一定会去现场。果然，

---

[1]《科技圈｜拒绝微软工作第一人？刘庆峰和他导师鲜为人知的事》，AMiner 学术，2022 年 3 月 12 日

华为的工作人员到了讯飞的摊位。刘庆峰抓住机会就对其大讲讯飞的语音合成系统，并不经意地提到了自己为他们优化过电话语音平台。就这样，有备而来的刘庆峰，彻底征服了华为的工作人员，对方答应给他们一次机会，前提是要通过稳定性测试。

对此，刘庆峰信心满满。他觉得讯飞的新系统做到了万无一失，是不会出现任何问题的。

结果到华为测试那天，刘庆峰尴尬到只差钻地缝儿了。在合肥测试了好多遍的系统，到华为一测试，就死机了。

华为的负责人也很生气，这和当初承诺的完全不一样：系统兼容性不强、语音合成不自然、连续性差……于是他要求刘庆峰："必须一周内搞定，否则签约免谈！"

眼看到手的单子要丢了，刘庆峰急了，他派公司的技术骨干全部出差，驻扎在华为公司，直到通过稳定性测试。

于是，几个工程师就吃住睡在华为，没日没夜地加班，困了就在地上铺个被子躺一会儿。经过数十轮的修改、优化后，终于在一周后通过了华为的电信级稳定性要求。

说起那"非人的一周"，科大讯飞现任副总裁江涛坦言：

> 直堪比电影《生死时速》！我们每天争分夺秒，生怕搞砸了。整整一周，我们黑白颠倒，真的是没见过一次深圳的太阳！测试成功后，我走出办公室的时间大概是下午 4 点，回到家倒头就睡，一直睡到第二天的中午 12 点，整整睡了 20 小时。

这场攻坚战没有白辛苦。测试通过后，在华为的牵线下，讯飞拿下了一个重要订单——中兴、神州数码将讯飞语音服务作为语音组建标配。讯飞因此获得了创业以来的第一桶金。

通过华为的考验被刘庆峰认为是科大讯飞发展的里程碑事件。自此以后，科大讯飞的品牌知名度一下子就打开了。到 2000 年年底，科大讯飞已经拥有了 50 个稳定客户，公司收入超过 500 万元，基本上解决了企业的生存问题。

成为资本追捧的香饽饽

> 2001 年起，联想、英特尔、上海复星陆续投资科大讯飞。当时 IDG 提出要与科大讯飞签对赌协议，但被刘庆峰拒绝了。而刘庆峰第一次去见郭广昌时演示搞砸了，但郭广昌还是投资了科大讯飞。

"我们活下来了！"在团队开始沾沾自喜的时候，刘庆峰已经开始思考下一步的发展了。生存只是第一步，接下来是如何向着梦想进发。上亿元的营收规模，同事们听听也就罢了，但刘庆峰却是认真的。只有尽快实现盈利，他才可以去做自己真正想做的事情。

可是，要想再上一个台阶，意味着需要更多的资本来保证现金流动。之前融到的 3000 万已经所剩无多，作为 CEO，他必须想法弄到更多的钱才行。之前融资是政府和学校出头帮忙的，接下来，刘庆峰想自己到"社会上"碰碰运气。

当时，风险投资很流行。BAT 都先后吸引到了风投。曾经想以 60 万元的报价卖掉 QQ 和腾讯的马化腾，因为拿到了 IDG 和香港盈科的风险投资，否极泰来。

李彦宏从一开始就是带着风险投资回国创业的，因为"不差钱"，李彦宏很快就可以在北大演讲时"质问"大家："在座的有谁没有用过百度？"

三家之中，融资影响最大的当属阿里巴巴。当时马云凑到的 50 万元启动资金已经花光了，他四处借钱无门，在生死危急关头，蔡崇信出现了，他利用自己的人脉关系，为阿里巴巴拉到了高盛、Investor

AB 公司以及新加坡政府科技发展基金会等 VC 机构的 500 万美元投资。2001 年，马云又搭上投资巨鳄——软银集团的总裁孙正义。当时软银正遭遇史无前例的发展瓶颈，马云撞上大运气，孙正义大手笔投资 2500 万美元，阿里巴巴从而在电商泡沫化中安度危机。

BAT 的融资成功，给刘庆峰巨大的刺激，他对团队说：

我们不能再做被政府保护的巨婴，一定要找到社会投资！

事情一旦下决心去做，后面可能就是柳暗花明又一村。科大讯飞向社会融资的消息在业内传开之后，有两家大腕企业——联想和复星找来了。

2000 年，柳传志干了一件引人注目的事情，他把联想一分为二，一半交给杨元庆，一半交给郭为，而他自己则开始筹建联想投资，专门投资新兴科技公司。在成立联想投资后，柳传志一口气投资了 100 家中小公司，科大讯飞是其中之一。

联想原本是科大讯飞 50 个客户中的大客户。双方因为业务往来而熟悉。柳传志个人很看好刘庆峰，他不仅投资了科大讯飞，还给刘庆峰传授了自己的管理经验。撇开那些是是非非，不得不说，柳传志在企业管理中很有一套本土化实战经验，他的"建班子、定战略、带队伍"理论，曾经启迪了无数企业家。刘庆峰至今都还记得柳传志的那句忠告：创业既要有理想，又不能理想化。

除了柳传志的管理锦囊，讯飞还得到了联想的业务支持。2002 年，科大讯飞为了推广系统集成业务，开展全国巡展活动，联想的人都看傻眼了：讯飞的人居然连舞台都不知道怎么弄！联想派人手把手教讯飞如何布置现场，如何安排礼仪，如何落实流程。跟着联想人，讯飞学会了很多。

比起柳传志的和蔼可亲，郭广昌让刘庆峰着实捏了一把汗。2002 年，在一次全国青年大会上，刘庆峰偶然遇到了复星集团的郭广昌。两个人都是名校出身，相见恨晚。两个人那次见面聊了几小时，当听说科大讯飞正在为融资发愁，郭广昌答应投资他，前提是刘庆峰必须当着复星集团董事会成员的面，把接下来要做的系统集成业务讲清楚。

"没有问题！绝对没有问题！"

对于语音技术，刘庆峰向来不缺自信。但是他忘了一件事，当众提案靠的可不只是简单的技术阐述，还需要较好的演讲技巧和临场应对能力。第一次当众提案的刘庆峰在关键时候出糗了。他语无伦次地讲完了精心准备的PPT，但台下的观众对他的计划还是一窍不通。

最终，郭广昌还是说服了董事会成员，同意投资科大讯飞。复旦哲学系出身的郭广昌，对于技术派的中科大高才生还是十分欣赏的。郭广昌最大的能力是对大趋势的判断，学哲学出身的他，对于形势的判断非常敏感，他先后在医药、房地产、钢铁行业押对了宝。郭广昌这种大手笔的资产运作，对于整个产业大势的判断能力，对刘庆锋的影响也很大。跟着柳传志和郭光昌这两位大佬，刘庆峰的身边人发现，他越来越像一个企业家了。

在复星集团之后，又有其他公司相继入股。比如英特尔。英特尔带给科大讯飞的不只是资金，更多的是资源和经验。上面提到，讯飞的"iFLY Inside"正是借鉴Intel Inside研发出来的，英特尔成为讯飞的股东后，"iFLY Inside"立即得到了完善和提升。这一块业务从此成为讯飞的盈利支撑业务。

一个人穷惯了，突然有钱了也不敢放开花。从联想、复星、英特尔成功融资后，刘庆峰还是不敢花钱。2003年，他的很多同班同学，已经在微软、IBM、华为等企业实现了百万年薪目标，但是"讯飞十八罗汉"依然拿着3000元工资。

联想的投资经理每个月都会来讯飞核查，但复星的投资经理一年只来一次。有一次，复星集团副董事长梁信军来参加讯飞召开的董事会，发现这一惊人事实后，当场对刘庆峰说：

"庆峰啊，你们还是多发点工资吧，别把自己搞得这么苦。"

刘庆峰却老实巴交地回答："不了，不了，我们还在亏损阶段，花的都是股东的钱，我们宁愿拿低薪！"

股权变动，坚持团队控股

> 融资成功，带来的是团队股份的稀释问题。面对股权变动，刘庆峰只坚持了一条，就是团队股权加在一起必须是第一大股东。后期科大讯飞坚持了这一持股原则，始终保持控制权，避免了被架空的悲剧。

复星集团、联想投资、英特尔的相继投入，带来了一个问题：股权分配问题。随着股东越来越多，创业团队的股权势必跟着稀释。

众所周知，资本是嗜血的，引进资本是一把双刃剑，玩得好，锦上添花；玩不转，立刻被反噬。资本可以是天使，也可以是魔鬼。中国创业史上，被资本夺走控股权、丢了企业的创业者，何其多！

为了避免被架空，刘庆峰经过几个月的深思熟虑，坚定地向复星、联想、英特尔提出了自己的主张：

> 我们只坚持一条，就是团队加在一起是相对第一大股东。

刘庆峰把 51% 股权分给了这三家大投资者，每家 17%。这三家企业也是通情达理的投资者，他们看问题很长远，对刘庆峰的这一安排表示理解和接受。

2003 年 7 月 24 日，刘庆峰和王仁华、陈涛、吴相会、江涛、黄海兵、孙金城、王智国、郭武、严峻、胡郁、张焕杰、吴晓如、徐玉林 14 人共同签订了一致行动的《协议书》，联合持有公司 1,953.2425 万股，持股比例为 24.30%[1]。14 人合并持股数在随后几年均超过科大讯飞任一股东，在科大讯飞股东大会上拥有第一大表决权。鉴于刘庆峰所掌握的表决权已经足以对股东会和股东大会的决议产生重大影响，在上市之前，评估专家对他的身份界定为科大讯飞公司的控股股东。

事实上，刘庆峰们很幸运，他们遇到的都是开明的投资者。这些投资者注重长远价值回报，对于控制股权并没有多大兴趣。

2002—2005 年期间，讯飞一直都在做系统集成业务。这项新业务为讯飞带来了一定的现金流，讯飞在本地也逐渐有了一定的影响力，但大部分时间还是处于亏损状态。因为这项新业务，本身就是烧钱项目。在亏损阶段，战略投资者们给予讯飞极大的信任与包容。

每年的股东汇报大会上，刘庆峰总是卖力地画一张大饼，来年却只完成几分之一；第二年继续画一张大饼，次年又只完成了几分之一。这些成熟的投资者，总是充满耐心地看着他画大饼、表决心，像看一个孩子在表演。他们之所以容忍刘庆峰这么演戏，是因为大家对语音产业的未来抱有信心。

当然，还是有股东较真的时候，当对方追问具体的销售数字时，是刘庆峰最煎熬的时候，就像谎言被当场戳穿一样，那种羞愧难当却无地自容的瞬间真是生不如死。不过经历过了，"脸皮"也就练出来了。被追问两次之后，刘庆峰索性也不藏着掖着了，他选择实话实说。当然在报出数字的同时，他不忘强调：

> 我们不可能一步登天，只能脚踏实地。成功一定会来，但绝对不是现在。

---

[1] 数据来自：《科大讯飞招股说明书》，2008 年 4 月 24 日

刘庆峰最终以实力证明，他们对得起股东们的包容。在中国电信 168 和中国移动 114 呼叫中心的应用基础上，科大讯飞延伸进入旅游信息服务、工商税务查询等业务，以智能语音替代人工服务；开发智能语音芯片，植入家用电器、车载系统和儿童玩具等终端设备；以语音评测技术切入口语考试、语言教学等教育市场。刘庆峰团队用行动证明：只要你们肯放手让我们大胆去干，我们就一定不负众望，交出超越期待的漂亮成绩单！

2004 年，讯飞开始实现盈利，公司销售收入突破亿元大关。经过 5 年的慢跑，讯飞终于向股东证明了自己的价值：投资讯飞绝对是回报率最高的项目。

对于创业团队，刘庆峰也态度很坚决：

> 大业未成，谁都不许卖掉一分钱股票！就算将来上市了，也不可以套现，总之要确保团队持股第一！

在讯飞整个发展过程中，创业团队一分钱股票都没卖，大家用行动证明了对刘庆峰的坚定支持。创业不易，且行且珍惜，没有一个人希望自己辛苦打下的江山，最终落入他人之手。而团队展现出来的超强向心力和凝聚力，让投资者更加坚定了追投信心。

回顾过去 5 年创业历程，刘庆峰这样说：

> 从 1999 年到 2004 年的经历，我总结出来的经验是：第一，任何事情都不可能一蹴而就，要看准方向，并且热爱这个方向，才能坚持；第二，学习能力是非常重要的，绝对不能一根筋，要有开放的心态，选择比较好的股东和投资人，让别人栽过的跟头成为自己的经验。

在扭亏为盈后，刘庆峰又开始为讯飞制定新的战略目标：从全球最大的中文语音技术和语言技术提供商，发展到全球最出色的多语种技术提供商。

启示：泡沫时期逆流而上的坚持

丘吉尔曾在其自传[1]中这样写道：磨难，是财富还是屈辱？当你战胜了磨难时，它就是你的财富；可当磨难战胜了你时，它就是你的屈辱。经过 5 年的艰苦奋斗，科大讯飞用实际行动战胜了磨难。刘庆峰终于可以在后期的演讲中说，磨难也可以是一种宝贵的财富。

事后说起来很简单，但当我们把刘庆峰的创业放在当时的大环境来看，就会发现，科大讯飞能够活下来真是太不容易了。1999-2003 年正值全球网络泡沫破灭、纳斯达克股市大跌的时候。

1999 年年末 2000 年年初，许多新上市公司都在设法与互联网挂钩，以此来提高公司的股价。事实上，这么做也很奏效：不管公司的主营业务是什么，只要与网络沾边，上市股价都会被炒到"直冲云霄"，并被抢购一空。一时间，搞地产的、卖百货的、生产电子的、卖水泥的、办学校的甚至开夜总会的，统统抢起了互联网生意。过度的繁荣背后往往跟着危机。2000 年 4 月之后，互联网股票开始持续大跌，一夕之间，人们慌了手脚：互联网的冬天来了。仅仅 2001 年下半年，就有 3000 家公司"驾鹤西行"。

刘庆峰就是在这样一个疯狂的时期踏上创业路的。从宏观背景来

---

[1]《丘吉尔自传 —— 我的早年生活》，[英]温斯顿·丘吉尔，译者：张小米，出版社：华文出版社，2015 年 1 月

看，科大讯飞的持续亏损，情有可原；而他在泡沫时期逆流而上的坚持精神，则显得异常珍贵。

在穿越"互联网寒冬"的创业过程中，刘庆峰起到了关键性作用：

第一，绝望中指明方向。

艰苦创业阶段，团队的精神状态起着至关重要的作用。面对挫折，一旦士气低落，创业很可能就半途而废了。在关键时刻，带头人的表现很重要。在团队陷入挫败与绝望之际，刘庆峰不仅断了大家打退堂鼓的念头，还建设性地指明了奋斗方向。诚如其言：

> 我们当时就像迷失在大海里，我作为船长，必须要指明一个
> 方向。

船行大海靠舵手。作为掌舵者，刘庆峰是称职的。他为科大讯飞指明了方向——从 toC 转战 toB，这一思路的转变，为科大讯飞带来了生机。

第二，带领大家走出舒适区。

正如刘庆峰所言，科大讯飞一直就像一个被政府和国企保护着的襁褓婴儿，但是这种保护不利于企业的成长。只被当地资源扶持，注定只能成为一家当地企业。而刘庆峰的目标是要做像 BAT 那样的大企业，所以他必须带领企业走出去，去获得更多的资源支持。

获得华为、中兴、联想、复星、英特尔的资本和资源支持，是刘庆峰和科大讯飞走出舒适区的一个重要标志。因为有了这些私人企业的支持，科大讯飞的业务拓展了，刘庆峰作为企业家的格局也打开了。从迈开艰难一步的那一刻起，科大讯飞从一家合肥地方企业向全国型企业转型。格局的打开，让科大讯飞最终实现了扭亏为盈。

第三，对资本坚决不妥协。

资本是助力，还是阻力，关键在于创业者的态度。提高警惕、表明态度，动机再不纯的投资者，也会知难而退的。在寻求风险投资的

时候，刘庆峰始终保持很高的警惕性，这是一般大学生创业者所不具备的素养。面对联想和复星这样的大企业，他旗帜鲜明地表明团队要绝对控股，这种勇气难能可贵。对于开明的投资者来说，创业者对于事业的坚决捍卫，不仅不会减分，反而会让他们对这家企业更加有信心。

第四章

产业报国（2005—2008）

　　在度过了创业危机、有了资本支持之后，刘庆峰团队开始铆足了干劲与技术死磕，频频参加国际大赛，最终在全球规模最大、最具权威的国际语音合成大赛中击败了微软，赢得了国际声誉；在国内，科大讯飞也力挫国内语音"一哥"中科信利，成为国家语音技术攻坚团队和语音行业标准的制定者。随着科大讯飞在深圳证券交易所上市，刘庆峰迎来了创业以来的第一次高光时刻。

"中文语音产业国家队"

在获得资本支持后，凭借研发实力，科大讯飞公司经营业绩连年高速增长，利润连年翻番。2005 年，科大讯飞语音产品实现销售收入 1.5 亿元，利税 2500 万，带动相关产业 10 亿元以上，并且推动语音产业进入全面爆发阶段。刘庆峰趁机将国内语音研究机构整合到一起，科大讯飞成了"国家 863 计划成果产业化基地"和"国家规划布局内重点软件企业"，被业界公认为"中文语音产业国家队"。

至今，刘庆峰颇为自豪的事情是：

1998 年研究生毕业，当时科学院系统最高的荣誉——中国科学院院长奖金特别奖给了我。

中国科学院院长奖分为院长特别奖和院长优秀奖两种，是研究生奖学金中含金量最高的奖项之一。院长特别奖奖金为 10000 元／人；院长优秀奖奖金为 5000 元／人。奖金本身并不重要，重要的是这份殊荣。比起国际奖项，来自官方的认可，让他更加骄傲。毕竟，这是一种参与民族大事的巅峰体验。

心理学家马斯洛在著名的需求五层次之外，还有一个巅峰体验理论，就是人在满足生理、安全、社交需要、尊重和自我实现之外，还有一种更加高级的心理追求——巅峰体验。巅峰体验带给人一种更强的掌握感和愉悦感，它是个体实现自由意志的最高体现，马斯洛形象地称之为精神的"性高潮"。马斯洛并没有夸张，自古以来，凡是有企图心的人士都有追求生命巅峰体验的强烈意愿。

《庄子·知北游》云："人生天地之间，若白驹之过隙，忽然而已。"面对短促的人生，有理想者都有参与国计民生的意愿。刘庆峰创业就是抱着这样的目的而来，当企业度过生存期之后，他就开始为实现自己的巅峰体验而行动了。

刘庆峰从创业伊始就决心走"高层路线"。科大讯飞的诞生是基于 863 计划支持下的项目技术产业化[1]，从一开始就得到了政府的与支持；2000 年 6 月，科大讯飞被科技部认定为国家 863 计划成果产业化基地；2002 年，以中科大为第一完成单位的"KD 系列汉语文语转换系统"被评为国家科技进步二等奖；2004 年，科大讯飞实现盈亏平衡，有一个关键因素：时任教育部副部长的袁贵仁到科大讯飞视察，建议将科大讯飞的语音识别技术应用于普通话考试。这让科大讯飞得以切入智能教育，成为扭亏为盈的关键。

2005 年，科大讯飞再创辉煌，语音产品实现销售收入 1.5 亿元，利税 2500 万，带动相关产业 10 亿元以上，并且推动语音产业进入全面爆发阶段。这其中也有一个关键因素：2005 年彩铃从韩国引进中国，受到消费者的热烈追捧。但是，令移动和联通头疼的是，电话只能通过按键选择 1 至 9 之间的 9 首彩铃。于是，语音铃声派上了用场。虽然当时彩铃技术并非科大讯飞的专长，但是官方加持背景让它包揽了中国电信、中国移动、中国联通的炫铃大单，从而异军突起。

---

[1]《科大讯飞蜕变："人工智能第一股"初养成》，中国经营报，2019 年 9 月 28 日

截至 2005 年，在业界，科大讯飞已经成为名副其实的行业标杆。同行提起科大讯飞，无不竖起大拇指。对此，刘庆峰并不满足。他需要一个更高级别的认可，也就是来自国家权威部门的点赞。

此时的刘庆峰已过而立之年，那个靠激情创业的毛头小伙子已经不复存在。2003 年 7 月，刘庆峰收到了一份"而立礼物"：他在创业的间隙完成了博士学位，拿到了"信号与信息处理"专业博士学位。

获得博士学位之后，心情大好的刘庆峰，做了两件大事，一是前面提到的资源整合，将中国科学技术大学、清华大学、中国科学院声学所和中国社会科学院语言所紧密团结在一起，从源头技术上整合了民族语音产业的核心资源，大大增强了核心技术自主创新能力；二是积极推动语音产业的标准制定，通过规则的制定，来实现语音行业的规范化发展，以避免"劣币驱逐良币"的悲剧发生。

2003 年 10 月 15 日，由国家信息产业部主办、安徽中科大讯飞信息科技有限公司承办的"语音标准研讨会"在合肥顺利召开。信息产业部科技司韩俊司长牵头，来自国家信标委、863 专家组、相关科研院校的语音技术专家、学者和语音技术的关键应用厂商共 40 余人参加了此次会议。会上确定了由科大讯飞董事长王仁华教授担任语音标准工作组组长，牵头制定语音标准。虽然名义上王仁华教授是组长，但标准的具体制定实际上很多是刘庆峰完成的。可以说，刘庆峰在而立之年，学业和事业实现了双丰收，成就感满满。但他并不满足，因为这时候的科大讯飞还是躲在"保护伞"之下。

我们都知道，七年之痒的说法不仅仅局限于爱情，创业进入第七年，如果沿着之前的打法，也会让创业者感到无聊乏味，进入可怕的倦怠期，这时候就需要新的激素、新的目标来打破这种平淡。2005 年，科大讯飞毫无悬念地进入快车道。此时的刘庆峰，迫切想干点大事了。

"是时候正式打出振兴民族语音行业的旗号了！"

在 2005 年庆功会上，刘庆峰兴奋地对创业团队说。从此，刘庆峰的产业报国梦开始正式启动。之前只是憧憬，现在他觉得距离梦想只有一步之遥了。

这一次，刘庆峰不再是盲目自信。2005 年，科大讯飞在国内、国际权威机构的各种评测中，始终保持关键技术指标名列第一，因此获得了"中国信息产业重大技术发明奖"。这个奖项给予科大讯飞"中文语音产业国家队"的称号。荣誉从来都是用实力来说话。"中文语音产业国家队"的殊荣，让刘庆峰在感到欣慰的同时，也坚定了用技术助力中华民族伟大复兴之梦。现在他终于可以坦然地说：

我的中国梦，就是民族语音产业腾飞。

超越中科信利，成国内语音"一哥"

2019 年，5G 正式投入商用被炒得沸沸扬扬。国庆节过后，中国移动推出的 5G 超高清视频彩铃业务，成功吸引了大众的注意力。早已过气的彩铃，居然还能在 5G 时代续命，让网民感叹不已。

说起"古老"的彩铃业务，就不能不提到科大讯飞这个元老开发商。2005 年到 2007 年，科大讯飞实现连续 3 年净利润 130% 的复合增长。2007 年，营收突破 2 亿元，为随后的上市打下了基础。科大讯飞正是靠声动炫铃业务实现高速成长。

必须指出的是，当时科大讯飞并非"语音一哥"。真正的"语音一哥"是正规军和排头兵——中科信利。中科信利是依托中国科学院声学研究所合作成立的以开发语音技术为核心的人机界面高技术公司。个性化彩铃成为广大移动用户耳熟能详的应用模式，中科信利和科大讯飞功不可没。

中科信利的成立，得益于知识创新工程，凝聚并形成了具有规模的核心研发团队，有副研究员以上的专职高级研究人员 9 人，助理研究员 1 人，硕士博士研究生近 30 名，主要研究人员都拥有在海外一流大学、研究机构和外企研究院的研发经验。它还和微软亚洲研究院有深入合作。2003 年，中科信利在美国 NIST 语种识别评测中取得第三名，而科大讯飞是上市后才参加 NIST 比赛的。可以说，当时在整体实力上，中科信利比科大讯飞更胜一筹。它才是中国移动、中国联通的首选合作对象。

就在科大讯飞承接安徽联通彩铃业务的同时，中科信利也承接了中国移动的 IVR（互动式语音应答）业务，并在 2005–2007 年成为中国移动的 IVR 业务合作伙伴。

科大讯飞虽然和声学研究所有技术研发合作关系，但是站到商业竞争的角度，中科信利是不可能把语音识别技术传授给科大讯飞的。

面对 SP 业务（移动增值业务）的爆发，刘庆峰敏锐地意识到，这是一次大翻身机会。但是，既没有对方实力强，又没有对方背景好，在这种不利情况下，怎么绕开中科信利这个绊脚石呢？

刘庆峰想到了一个办法：把和华为合作的经验复制一遍。没错儿，就是"借鸡生蛋"。这里再次显示出刘庆峰的超人智慧：如果甲方不认可你，那么你就找他认可的丙方，然后通过与丙方合作，间接获得甲方的认可，成为事实上的乙方。

这一次，刘庆峰找到了语音产业的鼻祖——Nuance 公司。中科信利作为本土认可度最高的企业，科大讯飞再找一家本土企业合作，似乎也吸引不了甲方的注意，那么干脆找一家外来企业，只要这家外来企业名气够大，就可以吊起运营商的合作兴趣。沿着这样的思路，刘庆峰决定找 Nuance 公司试一试。Nuance 公司成立于 1992 年，主要业务是智能语音识别，主要收入来源则是出售在医疗记录听写、客服电话、语音邮件中使用的语音识别和记录工具，是全球最大语音识别公司。

经过艰苦的谈判，刘庆峰拿到了 Nuance 公司的代理资格。Nuance 公司为什么会答应和科大讯飞合作呢？因为科大讯飞有上百个稳定的 toB 客户，这对于觊觎中国市场的 Nuance 公司来说，诱惑力实在太大了。

为了更好地拓展市场，科大讯飞采取与 Nuance 公司合建联合实验室的方式曲线入局。得到 Nuance 的助力，科大讯飞开发了一套可以让消费者使用语音选择彩铃的系统"声动炫铃"。这套系统被迅速从安徽联通推广到联通总部，中国电信、中国移动开通彩铃业务后也选择了这套系统。基于此，科大讯飞进一步探索了个性化彩铃、爱吼网等产品，当时联通的音乐、彩铃相关语音业务平台几乎都由其包揽。

通过 Nuance 公司，科大讯飞超越了中科信利，在 SP 市场开辟了另一条生存之路。但是，自古以来的商战告诉我们，两强相争，是没有好结果的。在刘庆峰的极力推动下，科大讯飞和中科信利形成了双方协作的语音产业联盟。建立了联盟，科大讯飞和中科信利分别依靠自己的专利技术，获得了腾讯和百度的厚爱，通过把技术卖给这两家"做大蛋糕企业"，科大讯飞和中科信利得以分食蛋糕。反之，如果他们一味竞争，后果不堪设想。

在和中科信利成为同盟之后，刘庆峰又做了一件让人不得不佩服的事情。在和 Nuance 公司合作的过程中，刘庆峰意识到，靠团队自主研发的技术是可以逐渐超越 Nuance 公司的。既然能超越对方，而且自己的梦想是振兴民族产业，那么又何必躲在一家美国企业的背后呢？于是，2006 年在拿到了中国移动和中国联通的订单后，刘庆峰旗帜鲜明地告诉 Nuance 公司：

我们要独立研发，最终超越你们！

Nuance 公司就当他讲了个笑话，但这个笑话，在科大讯飞上市后，很快就变成了现实，后文我们将详细讲述 Nuance 公司和科大讯飞的正面交锋。

"生意场上没有永恒的敌人，也没有永恒的朋友。"本来科大讯飞和中科信利在 SP 业务上是直接竞争对手，和 Nuance 公司结交为朋友。但仿佛一眨眼，对手变朋友，朋友变对手。

击败微软，成国际大赛的最大黑马

2006 年，科大讯飞首次参加了全球规模最大、最具权威的国际语音合成大赛（Blizzard Challenge），结果一不小心就成为当时最大的黑马，随后连续 13 年一直都是全世界第一名。刘庆峰从而获得国际声誉。

"让世界聆听我们的声音！"刘庆峰第一次听到 Blizzard Challenge 的这句广告语时，立即激动地对科大讯飞人说："这怎么能少了我们呢？"

Blizzard Challenge 是语音合成界最具影响力和权威性的国际赛事[1]，其冠军含金量非常高，人工智能界都很重视这个比赛。该赛事是美国和日本在 2005 年联合发起的。这个赛事发起的当年就成功吸引了美国卡耐基 - 梅隆大学、英国爱丁堡大学、日本名古屋工业大学、IBM 研究院、微软亚洲研究院等世界一流科研机构参加。

被"中国梦"激情燃烧的刘庆峰，一直想要一个展现实力的舞台，当他听说这个比赛后，立马找团队骨干商量，不，确切地说是下达命令："我们一定要参加这个大赛！"

---

[1]《科大讯飞再夺世界冠军！国际权威语音合成大赛 14 连冠！》，砍柴网，2019 年 8 月 2 日

越是高手云集，越是让他兴奋不已。创业团队成员看到的是竞争压力，而刘庆峰看到的是机会：竞争越激烈，越是展示科大讯飞实力的大好机会。之前，语音合成技术基本上都被这些巨头垄断，现在科大讯飞已经有了自己的科研实力，也熬过了生存期，刘庆峰很想和这些高手正面较量一把。

王仁华教授在日本和美国有不少人脉资源，他在第一时间得知Blizzard Challenge。正是他鼓励刘庆峰去参赛。刘庆峰非常重视，当他向团队吹响集结号之后，大家都跃跃欲试。

说干就干，2006年6月，科大讯飞代表大中华区参加Blizzard Challenge。科大讯飞参赛的消息在业内传开后，大家纷纷过来给他们鼓劲。当时，中国科学院院长路甬祥老先生还特意到科大讯飞给他们打气："这是你们第一次参加世界性大赛，希望能够进入前三名！"

"路院长，您放心，这个没问题！"虽然刘庆峰如此高声回答，但其实他根本没有底气。当时参与比赛的团队成员江源更是直言："当时我们哪敢想获得什么名次，只是期待能到国际舞台上亮剑，衡量一下我们的真实水平罢了。不过，我们也不想丢脸呀，所以大家也是铆足了劲。"

Blizzard Challenge是英文语音合成大赛，而不是刘庆峰们轻车熟路的中文合成技术。但既然要到国际赛道亮相，就得交出像样的作品，大家为此找回了初次创业时的鏖战状态。

当年的比赛规则要求在规定时间内搭建出基于1000句和5000句两个不同规模音库的英文合成系统，主办方从可懂度和自然度两个方面分别测试各个团队的语音合成效果。

从零开始搭建一个基于5000句规模音库的高质量语音合成系统，通常需要半年以上的时间。但刘庆峰决定参赛时，已经只剩下一个月的时间了。为了按时完工，他们再度启动"饿了啃黄瓜"的精神，加班加点去攻克难题。

研发团队最终克服了音库规模大和时间紧的问题，采用当时国际上最先进的基于统计声学建模的参数语音合成方法完成了两个参数系统的构建，并在模型训练、参数生成等方面进行了创新性的改进，系统优化的工作一直持续到了规定提交的最后时刻。

当年和科大讯飞一起参赛的有美国卡耐基 – 梅隆大学、日本名古屋工业大学、美国麻省理工学院、微软亚洲研究院、IBM 研究中心、日本国际电气通信基础技术研究所 (ATR) 等著名语音研究机构所提交的 14 个系统。

举办方经过两个月的专家打分和听众评比，最终把小库可懂度第一、自然度第二的奖项颁发给了科大讯飞。第一次参赛的科大讯飞成为当年大赛最大的"黑马"，震惊了国际语音学界。之前他们已经向国人证明了自己是中文语音技术最强的企业，现在又向世界证明了自己的英文语音技术做到了全球最好！中国人做英语合成，比美国人、英国人做得还要好，不轰动都难。

一战成名，不仅为科大讯飞迎来了鲜花和掌声，还带来了跨国合作机会。谁也没有想到，中国人做英文语音合成竟然这么牛！世界知名语音研究机构闻讯后，纷纷主动与讯飞建立联系。Blizzard Challenge 组织者之一、国际知名语音学家、E 院士德田惠一教授亲自飞到中国，来讯飞参观，和刘庆峰面对面交流。刘庆峰和科大讯飞在世界舞台上成功发出了声音！

科大讯飞"击败"微软亚洲研究院、IBM 研究中心、麻省理工学院而英勇夺冠，意义重大。这标志着我国的英文语音合成技术研究，在国际上有了一席之地。从此，国家大力扶持语音合成产业，中国人在语音合成技术上牢牢树立了国际领先的地位。整个民族语音产业，通过科大讯飞的这一次亮剑，被彻底带动起来。而微软和 IBM 等巨头，也开始"盯上"了科大讯飞这个竞争对手。

需要说明的是，从 2006 年旗开得胜之后，至今科大讯飞都是 Blizzard Challenge 冠军的"垄断者"。在技术创新上，刘庆峰从来都不屑于"自吹自擂"，他每年通过参赛拿冠军的方式，让大家"看见"

而非"听说"科大讯飞的技术实力。

通过一次次参赛，科大讯飞的合成语音技术越来越高，现在科大讯飞的合成语音已经超过普通大学生的 4.0MOS 水平，越来越接近新闻联播主持人的 5.0MOS，做到了"真假难辨"的程度。

从大学生"挑战杯"到 Blizzard Challenge 国际大赛，刘庆峰一直都不放过语音合成技术相关的大赛。可以说，他是一个不折不扣的参赛达人。按照他的话说：

> 技术创新无止境，创新之路也是超越之路，不断比赛不断超越，这种感觉让我安心。

"中国语音第一股"

2008 年，科大讯飞在深圳证券交易所上市，成为中国语音技术领域唯一的上市公司，也是中国在校大学生创业的首家上市公司。刘庆峰从幕后开始逐渐变身明星企业家，他的人生也被迫开始做出改变。

2008 年 5 月 12 日，是科大讯飞历史上最重要的一天。这一天，科大讯飞在深圳证券交易所中小板成功上市。

在合力敲响上市大钟的那一刻，刘庆峰和朱立南默契地相视一笑，随即眼眶翻红。没有人可以真正理解这对"难兄难弟"此刻的复杂心情。

朱立南何许人也？一手把科大讯飞扶持上市的投资人。在联想创投的发展历史上，柳传志是幕后指挥官，而朱立南是实际操盘手。柳传志和刘庆峰促膝长谈后，豪掷 300 万美元资金，之后剩下的"烂摊子"都是由朱立南来收拾的。

2001 年，柳传志看到风险投资的大好未来，就做了一个决定：不能让 VC 市场都被老外占了，他要成立一家中国的 VC 机构。于是，联想创投成立了，2012 年 2 月才改为君联资本。当时，柳传志分身乏术，这事儿就交给了朱立南去办。当时，柳传志甩出了 3500 万美元，对朱立南说："你们就放心大胆去闯吧，失败了就当交了学费。"

柳传志说得云淡风轻，朱立南却听得不轻松：没有人敢让联想攒了 10 年的利润付诸东流。

在这第一笔投资基金中，科大讯飞拿走了将近十分之一，可见柳传志对刘庆峰的看好。如上所述，科大讯飞因为联想控股的投资，很快又吸引到复星和英特尔的投资，解决了资金燃眉之急。但同是"创业者"的朱立南却惨了：在 2001 年年底，朱立南第一次拿到科大讯飞的财务报表，当下就有一种欲哭无泪的感觉。他和团队很纳闷：这么惨不忍睹的财务状况，柳总为什么会这么看好科大讯飞呢？

科大讯飞作为联想创投创立后的第一个项目，既然决定重点投资，朱立南也只能硬着头皮负责到底。接下来，和复星、英特尔的粗放式管理完全不一样的是，朱立南采取了"贴身服务"的战略，他们不仅时不时地帮助科大讯飞，还坚持每月每季度监督查看科大讯飞的财务状况，丝毫不马虎。

投资界有一个重要术语——"J 曲线"，指企业获得 VC 投资后，运营业绩先下降再回升至高点的成长过程。联想创投对科大讯飞的投资正遵循了"J 曲线"。

2001-2004 年，联想创投投资科大讯飞的头四年，科大讯飞一直处于亏损状态。朱立南如坐针毡。

一方面，他为科大讯飞担忧；另一方面，他也为自己着急。朱立南负责的联想创投严重缺钱！柳传志拨给他的 3500 万美元，根本就不够用。投资就像赌博，很难说百发百中，而且就算是好项目，也很难立竿见影，就像科大讯飞这样的项目，投了 4 年，颗粒无收！

正所谓事不过三，对于刘庆峰来说，2003-2004 年异常艰难，因为企业的持续不赚钱，科大讯飞有了两个可怕的外号："扶不起的阿斗"（无论投多少钱都立不起来）和"小老树"（无论怎么浇水施肥都长不高）。这段时间，刘庆峰都是咬紧牙关坚持下去的。

而同一时间，朱立南也倍受煎熬。联想拨给他的头期基金 3500 万美元已经投出去，没有项目可以光荣退出，甚至好几个被投企业跌入谷底。朱立南只能四处筹钱，继续寻找可以变现的项目。为了找到资金，朱立南奔波于欧美市场，因为没有成功案例，很少有人愿意投钱。朱立南记得他在德国募资时，由于人生地不熟，只好提前一天去约定地点踩点。谈判了几天，最后也不敢开口说出明确的数字。他没有这个底气。

也就是说，刘庆峰受亏损"精神折磨"的时候，朱立南却实实在在地为钱奔波。朱立南对于刘庆峰来说，既是战略投资伙伴，又是互相打气的"创业战友"。或许对于创业不易的共同体验，让朱立南对科大讯飞的投资坚持了下去。

巧合的是，2004 年，刘庆峰和朱立南都迎来了人生的大转折。这一年，科大讯飞因为抓住了彩铃业务而实现了盈利，从此走上了康庄大道。而就在同年 5 月，联想创投投资的中讯软件在香港主板上市；8 月，另一个项目——卓越网被出售给亚马逊，换得了 13 倍回报。加上科大讯飞实现盈利，这一年，朱立南终于可以喘口气了。

刘庆峰遇到柳传志和朱立南，何其幸运。在风起云涌的投资圈，朱立南有自己的偏执，他坚持从第一轮进入，一直投到最后上市，并在此过程中帮助被投企业成长为行业翘楚。"不做吸血鬼，站着把钱挣了"是他的名言。从 2001 年投资科大讯飞，坚持 2008 年上市退出，这在投资界并不多见。

刘庆峰和朱立南能够并肩作战这么久，根本上讲，是因为他们都是长期价值主义的笃信者。一个坚持做长期技术创新者，一个坚持做长期价值投资者。这一共同信仰，让彼此深感合拍。但是，他们也有严重分歧的时候，比如在即将上市的前一刻。

科技企业对美国上市，似乎情有独钟。刘庆峰也不例外。美国一共有三大股票交易所，分别是纽约证券交易所、美国证券交易所和纳斯达克。刘庆峰计划在纳斯达克上市，原因不难理解：他比较欣赏的李彦宏在 2005 年 8 月率领百度在纳斯达克上市。

听到这个消息之后，朱立南连夜坐火车杀到了合肥。他认为必须当面说服刘庆峰才行，电话沟通和视频会议已经不奏效了。在这个节骨眼，他必须好好给刘庆峰上一课。

但是，朱立南说不出这样的话："你不是李彦宏，科大讯飞不是百度！你不能盲目崇洋媚外！"

他只能晓之以理：拿出历史估值数据分析和各资本市场偏好对比，让刘庆峰看到在 A 股上市的种种好处。并动之以情："现在国家大力支持科技事业、为企业创造良好创业环境，鼓励在 A 股上市，在这种利好形势下，怎么能舍近求远呢？而且你从事的民族语音产业，却跑到国外上市，听起来是不是也怪怪的？"

朱立南的这番话，彻底打消了刘庆峰想在纳斯达克上市的念头。于是，科大讯飞最终在深交所挂牌上市，成为中国第一家大学生创业上市公司。

在拿到上市批文的时候，刘庆峰并没有带创业团队去喝酒唱歌庆祝，而是把大家召集在一起开会。会上他说了这样一席话：

> 上市绝不是攀登的顶点，而是崭新的起点。我们离 1999 年设定的 100 亿元销售收入的发展目标还很远。

100 亿元的"小目标"大家都淡忘了，但刘庆峰始终记得。实际上，成功上市，让他信心倍增，目标已经从百亿悄悄变成了千亿。

成为国家级骨干软件企业

　　上市后，科大讯飞不仅在市场奠定了地位，在资本方面也获得了更多的支持。中国移动、中科大资产经营有限公司、上海广信、联想创投、盈富泰克等企业成了它的主要股东。而国家在政策上则给予它更多的支持。

　　上市不只是一个筹钱动作，它对于企业来说，好像一个潘多拉盒子，一旦打开，惊喜连连。

　　上市后，联想创投获得了 30 倍回报率，朱立南见好就收，从科大讯飞退出了。站在今天的角度来看，如果联想创投继续投资科大讯飞，无疑收获更多。但是站在当时朱立南的立场来看，及时退出无疑是无奈之举。联想创投的第一期基金总共投了 16 个项目，最终只有 6 家上市了，包括科大讯飞在内。这个"中奖率"由不得朱立南见好就收。

　　联想创投的退出，让无数"接盘侠"蠢蠢欲动。昔日那些称呼科大讯飞为"小老树"、迟迟不愿意投资的机构纷纷找上门了。然而，今非昔比，现在轮到刘庆峰对投资者"挑三拣四"了。

　　联想创投退出后，讯飞的主要股东包括三家：中科大、上海复星和盈富泰克。前两个已经介绍过，那么盈富泰克是谁呢？它是含着金钥匙出生的"大隐于世"的国家引导基金。盈富泰克成立于 2000 年，管理着财政部和原信息产业部的电子发展基金及财政部和国家发改委的国家新兴产业创投引导基金。盈富泰克选项目的标准很高，其中最重要的一条是实实在在按规矩做事，不能搞利益输送，不碰高压红线。其次，团队对他们来说是最重要的——团队要专业，要专注，要稳定，团队就是适合干这事儿的料！这就是他们选择投资科大讯飞的主要原因所在。

2005 年 7 月 26 日，合肥永信与盈富泰克签订协议，合肥永信将持有的 153 万股科大讯飞股权转让给盈富泰克，转让价格 498 万元。[1] 同时，盈富泰克对科大讯飞优先增资 1002 万元，成为科大讯飞的大股东之一。

关于联想创投退出留出的空位，最终花落谁家呢？现在很多人已经知道了，正是大名鼎鼎的中国移动。中国移动不仅加入投资阵营，还成为科大讯飞的最大股东，后文我们将详细讲述。总之，和联想创投友好分手后，科大讯飞的资本大门更加敞开了。

在盈富泰克、中科大、中国移动、上海复星这些资源和背景雄厚的大股东的提携下，科大讯飞在上市后很快成为国家重点扶持的对象之一。科大讯飞被国家发展和改革委员会、工业和信息化部、财政部、商务部、国家税务总局等权威部门认定为国家重点软件企业。根据相关政策，科大讯飞将享受企业所得税减免 10% 的税率征收优惠。

合肥当地政府更是把科大讯飞视作"顶流企业"。当年，科学泰斗杨振宁回安徽老家访问，合肥市委书记送给他一份特殊的礼物——一套可以像人一样朗读各种新闻、书籍的中文语音系统软件。该礼物正是由科大讯飞开发的。在合肥市政府眼中，科大讯飞是当地高科技企业的代言人，他们的技术已达到国际领先水平，必须让杨振宁赏识一下。由此可见，科大讯飞在当地政府眼中的地位是何其高。随着科大讯飞成功上市，刘庆峰已经成为政府的常邀嘉宾。

---

[1]《郭广昌柳传志聚首科大讯飞 IPO》，第一财经日报，2008 年 4 月 7 日

在企业内部，刘庆峰的身份地位也发生了变化。上市前他一直任职科大讯飞总裁职位，上市后不久，刘庆峰开始接替王仁华的董事长职位，之后一直长期担任总裁、董事长职位。过去，科大讯飞的发展更多依靠王仁华教授带来的社会资源，上市后刘庆峰开始彻底挑起大梁，带领科大讯飞在创新之路昂首阔步，越走越远。

诚如刘庆峰所言，上市是一个新的起点。从 2008 年开始，科大讯飞的业务从语音合成大幅过渡到语音识别，在不断摸索中，赶上了人工智能的大爆发。上市让科大讯飞曝光在众目睽睽之下，但刘庆峰似乎很享受这种在饱受质疑下做自己的感觉。他说：

> 国家真的强盛，一定要有一批人有野心，真的做出一批像微软、IBM、Intel 等具有国际影响力的企业帝国来！

当人们以为上市就是科大讯飞的高光时刻时，刘庆峰已经开始将产业目光投向更加高远的地方。

上市后，刘庆峰被迫出没于大众视野。简洁的七分头，大的金属边方框眼镜，略显宽松休闲西装内搭白衬衣，言谈时总带着微笑，浑身散发着浓浓的学术气质……这就是他给世人留下的初始印象：一个文质彬彬的知识分子企业家。然而，接下来他要向大家证明，在自己斯文的外表下，隐藏着一个"野心家"！

启示：背靠大树好乘凉

俗话说，背靠大树好乘凉。在企业势力较弱的时候，找到"靠山"是很重要的。作为一家民营企业，科大讯飞能够成功上市，完成从中文语音产业拓荒者到领导者的升华，离不开刘庆峰团队的"争名夺利"，更离不开政府和大企业的支持。

所以刘庆峰在上市当天和其他不同场合，不止一次由衷感恩："科大讯飞的创业与成长，是时代给予的机遇，是国家发展和地方进步提供的舞台，是社会各界的支持提供了助力。"

（一）始终与政府建立良好关系

科大讯飞的诞生是基于 863 计划支持下的项目技术产业化，从一开始就得到了政府与支持；2000 年 6 月，科大讯飞被科技部认定为国家 863 计划成果产业化基地；2002 年，以中科大为第一完成单位的"KD系列汉语文语转换系统"被评为国家科技进步二等奖；在扭亏为盈的过程中，时任教育部副部长袁贵仁的建议，起到了关键作用；2008 年 6 月 6 日，上市后不到一个月，科大讯飞语音产业基地破土奠基，政府的认可同样是关键。

（二）主动与"巨人"建立合作关系

站在巨人的肩膀上，借助巨人的力量，是实现快速成长的关键战略。在这方面，刘庆峰绝对是达人。

科大讯飞在资本方面获得的支持，离不开刘庆峰的努力。联想、复星、中国移动、中科大资产经营有限公司、盈富泰克、Nuance 公司这些实力企业，之所以愿意和科大讯飞合作，成为它的主要股东和技术研发伙伴，离不开刘庆峰过人的胆识。他敢于在实力不及人的情况下，主动找对方合作，这种精神难能可贵，也正是大佬赏识他的地方。

（三）打铁还须自身硬，做好自己

获得政府和社会资源的支持，一个重要的原因在于，自身的实力够硬。如果科大讯飞自身技术不行，这些外部资源无论如何也不会落到他们身上。对此，刘庆峰始终有清醒的认识，他总是对创业团队强调：

> 梦想不是一成不变的。但不管梦想如何改变，有两件事特别重要：一是要勤奋，努力积累；二是要做一个诚信的人。做到这两点，社会各界支持你的力量就会慢慢把你推向成功。

第五章

抢占技术高地（2009—2012）

　　科大讯飞上市后没有赶上好时节，反而遭遇全球金融危机。在如此不利的情况下，刘庆峰敏锐地抓住了新的发展机会。智能手机的出现以及 Siri 的问世，带来了新一波语音热潮。刘庆峰团队根据移动互联网时代的用户新需求，开创性地研发出了语音输入法，引发激烈的输入法大战；并在 Siri 没有正式登陆中国市场之前，抢先研发出了"中文版 Siri"——讯飞语点，引发语音助手大战。刘庆峰从语音合成到语音识别的转型决定，让科大讯飞再次化险为夷。

第一次重大转型：从语音合成到语音识别

上市之后，刘庆峰没有躺在功劳簿上，而是主动革自己的命。科大讯飞的业务从原来的语音合成扩展到语音识别，开始做语音评测，产品线不断丰富。

经济学家詹姆士·海斯曾经说过："国际上曾有很多辉煌一时而最终却以失败告终的企业，他们失败的原因固然是多方面的，但最关键的是他们自恃拥有几种专有技术，而忽视了新技术、新产品的开发，使企业逐步丧失了原有的核心竞争力和比较优势。"

科大讯飞上市之后，立刻受到追捧。当时其发行市盈率为29.98倍，直逼证监会允许的30倍最高上限。资本市场购买科大讯飞股票的热情一度高涨。团队很兴奋，刘庆峰却给大家泼冷水了：

兄弟们，上市意味着更大的责任，我们不要被眼前的股市行情冲昏了头脑，请大家保持冷静。一直以来，语音合成是我们的强项，尽管我们占据了语音合成70%以上的市场份额，但大家要清楚，语音识别是我们的软肋，我们必须把这一块给尽快补了。

刘庆峰的话让大家陷入了沉思。大家很清楚，语音识别代表着未来趋势，而这些关键技术科大讯飞一直仰仗 Nuance 公司，没有掌握核心技术，只能向 Nuance 公司购买语音识别授权，这样语音识别类产品的价格就居高不下，非常不利于业务发展。科大讯飞要想在语音识别市场拓展业务，就必须自主研发，做出高性价比产品。

怎么办呢？一直擅长语音合成的刘庆峰想到了一个人——胡郁。如果由他来牵头研发语音识别，刘庆峰就会放心。

刘庆峰和胡郁是泾县同乡，1978 年出生，比刘庆峰小 5 岁。1990 年刘庆峰报考高考志愿的时候找过胡郁的父亲，胡郁的父亲建议他报考中科大[1]。5 年后，胡郁也考进了中科大。1997 年，大三学生胡郁进入到了王仁华教授主导的中科大人机语音通信实验室，跟着师兄刘庆峰一起攻克国家 863 项目 "KD 系列汉语文语转换系统" 的研发。1999 年，刘庆峰创业的时候，大四学生胡郁成为十八罗汉之一。伴随着科大讯飞从创业到上市，胡郁也从研究员上升到讯飞语音联合实验室副主任。

2005 年，科大讯飞成立了研究院，27 岁的胡郁担任研究院执行院长。当时 "彩铃" 业务需要语音识别技术，胡郁负责与 Nuance 公司对接。现在要自主研发，让他挑起语音识别大梁，也是顺理成章的事情。

不过，刘庆峰选中他，还有一个关键因素。当时刘庆峰找王仁华教授商量：

"王老师，你有认识语音识别的大咖吗？我想把他挖过来。"

王仁华教授想了一会儿，对他说："不用找外面的大咖，你让胡郁挑起这个事儿就行。"

胡郁是自己的小兄弟，他有多少能耐，刘庆峰再清楚不过了。刘庆峰疑惑地望着王仁华教授。

---

[1]《造芯者胡郁：用半生来阐释「从 0 到 1」的 AI 攻城人》，雷锋网，2021 年 9 月 27 日

王仁华教授只好进一步点拨他："胡郁的爱人马上要跟着霍强读博士了呀！"

刘庆峰一下子反应过来了：真乃天赐良机！

原来，霍强教授也是王仁华教授的学生，他到香港大学后，结识了一些新的技术大咖，在语音识别领域有了一番作为。在刘庆峰的授权下，胡郁以陪读者身份，跟着霍强做了两年"学徒"。霍强从香港大学转去微软亚洲研究院后，胡郁就回到了科大讯飞。

胡郁自建语音识别技术团队之后，又找到清华大学王作英实验室合作。当时王作英实验室与科大讯飞对接的是王作英老师的硕士研究生、后来成了财经作家的吴军[1]。

2008年6月，胡郁被正式任命为科大讯飞公司高级副总裁兼讯飞研究院院长，负责领导语音识别技术研发。

一切准备就绪之后，刘庆峰却对外秘而不宣。在公众场合，他只称科大讯飞在语音合成技术上持续发力。按照他的一贯做法：不鸣则已，一鸣惊人。很快，科大讯飞就"一鸣惊人"了。

和之前的语音合成技术亮相路径是一样的：参加国际大赛，做一匹黑马！

2008年6月，美国国家标准技术研究院举办国际说话人识别评测大赛（NIST Speaker Recognition Evaluation, NIST SRE），科大讯飞报名参加。NIST SRE大赛设有13项评测，是历年来评测组数最多的一届，其中包括麦克风语音、电话语音、识别目标说话人等技术。有备而来的胡郁团队，凭借GMM-UBM与GMM-SVM整合模型在本次大赛中成功吸引了同行的关注。不过，在这次比赛中，科大讯飞也看到了GMM-HMM新技术。GMM-HMM的优点是训练速度快，

[1]吴军2007年开始在谷歌黑板报上连载文章，之后整理成《浪潮之巅》一书。还著有《数学之美》《文明之光》《大学之路》《态度》《全球科技通史》《硅谷之谜》等书。

可有效降低语音识别的错误率；声学模型小，容易移植到嵌入式平台中，但由于 GMM 没有利用帧的上下文信息，不能学习深层非线性特征变换，在实际的有噪音的商业级别应用中依然表现不佳，无法达到可用的级别。这就是科大讯飞接下去的研发机会，如果能够攻克这一难题，科大讯飞就可以成为语音识别领域的领跑者。

GMM-HMM 技术有一个华人钻研者——邓力。邓力也是中科大毕业生，后在威斯康星大学麦迪逊分校获得硕士和博士学位。1999 年，邓力加入了美国微软雷德蒙德研究院，成为人工智能研究专家。10 年后的 2009 年，邓力将深度神经网络应用到大规模语言识别中，极大地推动了人机交互领域的发展与进步。名声大噪的邓力，于 2010 年 9 月 21 日，受邀回到母校中科大并与科大讯飞交流，胡郁团队因为这个机会成为了微软总部之外，第一批了解这一信息并着手这方面研究的团队。

在这一年，BAT 的百度也加入了语音识别行业，成为科大讯飞在国内最强有力的竞争对手。2010 年年初，当时刚刚加入百度并为其组建自然语言处理部的王海峰找到中科院声学所颜永红的团队，引进了声学所的语音技术后，百度于当年 10 月在掌上百度上推出语音搜索。百度"横空"加入语音行业，是因为它的老对手谷歌重启了语音项目。智能手机的问世，让语音搜索有了用武之地，于是谷歌针对苹果公司推出了语音搜索应用程序，百度紧随之后加入了语音江湖。

随着百度介入语音行业，科大讯飞和 BAT 的正面交锋就此展开。BAT 一直称霸中国 IT 江湖，让同期创业的刘庆峰久久没有面子。如今，百度要染指自己的主战场，"卧榻之侧，岂容他人鼾睡"，刘庆峰当然咽不下这口气，较量一触即发。

讯飞"乱入"触发输入法大战

2010 年 10 月 28 日，科大讯飞正式发布的讯飞输入法，成为第一个中文语音输入法，它在时间上领先于谷歌中文输入法、QQ 输入法和搜狗输入法。

2007 年 1 月 1 日，百度和搜狗撕下了温情的面纱，开始了公开的对决。搜狐对外宣布，全球首个中文网站收录量达到 100 亿的搜索引擎——搜狗 3.0 正式上线。张朝阳在发布会上明确指出：搜狗要在中文搜索引擎的比拼中打败百度。

张朝阳和王小川对此信心满满："超越百度只是时间问题，搜狐作为一家技术主导的公司，已经在技术积累方面做好所有准备。"

海量、及时、精准——搜狗 3.0 拿出了搜索引擎的三大基本指标来拼硬功夫：搜狗每日网页更新达 5 亿，用户可直接通过网页搜索而非新闻搜索，获得最新新闻资讯。在抓取速度上，搜狗通过智能分析技术，对于不同网站、网页采取了差异化的抓取策略，充分地利用了带宽资源来抓取高时效性信息，确保互联网上的最新资讯能够在第一时间被用户检索到。此外，搜狗网页搜索 3.0 提供"按时间排序"功能，能够帮助用户更快地找到想要的信息。经过人工对于随机选取的上千个查询词进行测试，搜狗在导航型和信息事务型查询的表现，分别达到了 94% 和 67% 的准确度，处于业内领先水平。

3 个月后搜狗又向另一位搜索巨头——谷歌发起了挑战。2007 年

4 月 4 日，谷歌推出了为中国用户度身定制的新产品——Google 拼音输入法，这是谷歌在全球推出的首款输入法，结果，五天后，有网民举报，在 Google 的词库中发现有搜狗输入法的词库指纹，并将确凿证据上传至各大论坛。4 月 11 日，张朝阳态度强硬地表示："我们无法接受 Google 对搜狗输入法创意和技术突破等知识产权的侵犯[1]，要求 Google 立即停止侵犯知识产权，停止 Google 输入法的下载和运营，否则将正式起诉。"随后，双方陷入了知识产权之争。

当张朝阳和王小川拳打脚踢百度和谷歌这两大搜索巨头的时候，让其始料不及的是，两大巨头换了个赛道：在语音搜索上赢得优势。更让张朝阳和王小川想不到的是，语音搜索还招来了一个新的竞争者——科大讯飞，一个原本和搜索业务八竿子打不着的企业！

谷歌最早在 2002 年着手开发语音搜索技术，因为 PC 时代网民还不习惯对着大屏幕进行语音交互，谷歌中断了这一业务。2008 年 iPhone 4 走红之后，谷歌重启语音搜索开发项目。

就在 iPhone 4 推出不久，科大讯飞移动互联事业部产品经理翟吉博，用三天时间写出了一个语音输入 Demo（测试版），后被公司讨论后决定正式推向市场，迅速引爆市场，这让科大讯飞上下欢欣鼓舞，也成为年度的创新产品之一。

翟吉博之前在摩托罗拉工作，是葛勇的实习生。葛勇也是科大讯飞的一个传说级人物。刘庆峰已经是学霸了，葛勇的履历比他还厉害。葛勇最早是保送到清华大学电机系的，他和刘庆峰一样放弃了清华大学，最后被保送到中国科学技术大学电子工程与信息科学系。葛勇曾是科大讯飞最早创业的"十八罗汉"之一，后来负气去了摩托罗拉语音部门。2008 年，摩托罗拉把语音部门卖给 Nuance 公司，葛勇带翟吉博等一票人从摩托罗拉离开，正在招兵买马的胡郁就趁机又把他召

---

[1]《谷歌"词库事件"升级 搜狐：事件将进法律程序》，北京娱乐信报，2007 年 4 月 11 日

回了科大讯飞。葛勇和翟吉博就成了讯飞输入法的主创人员。

被网友尊称为"讯飞输入法之父"的翟吉博，虽然不是中科大派系，但也是技术天才。他在2000年获得全国物理竞赛湖北赛区一等奖、笔试成绩第一名，保送至上海交大电子信息工程系联读班。研究生毕业就跟着葛勇实习，葛勇回归科大讯飞后，他就以码农的身份加入科大讯飞。翟吉博参与了讯飞输入法从0发展到4亿用户的全过程，正是他让讯飞输入法和百度输入法、搜狗输入法一起三分天下。年轻的翟吉博也从小码农一跃成为产品总监，成为科大讯飞成长最快的员工。

在对年轻人才的任用上，刘庆峰继承了王仁华不拘一格降人才的作风。只要是技术人才，在科大讯飞就不愁无用武之地。

2010年，在葛勇和翟吉博等人的努力之下，科大讯飞首次将智能语音技术融入手机输入法，成为继搜狗输入法之后，又一个让百度和谷歌头疼的后起之秀。

现在看来，讯飞输入法1.0界面看起来"简单粗暴"，但它却符合颠覆式创新的所有要素。不然，搜狗、百度、QQ输入法也不会争相模仿它。讯飞输入法的横空问世，让语音输入成为移动互联网时代的"标配"。正是它的出现，让说话秒变文字，中国移动互联网从而迈入了语音时代。

2012年，讯飞输入法进一步强化语音识别功能。重点剖析用户痛点，加入个性化语音识别，对声学语言学方面进行改进，实现语音输入联系人名称或个性化用户词条的准确无误；同年，新增粤语语音识别，成为首款同时支持普通话和粤语的输入法，从众多输入法产品中脱颖而出。不过，讯飞输入法真正大火，还在6年之后，下文会详细讲到。

如今，百度、搜狗、讯飞三家输入法，作为三巨头，已经被市场普遍认可。三家输入法越长越"像"，综合体验也差距不大，但仔细较真的话，讯飞输入法的语音识别依然是最准的，也就是说，它一直被模仿，但从未被超越。

"语音云"与生态化发展

2010 年，科大讯飞推出中国第一个讯飞语音云平台，推动了手机语音听写时代的到来。所有用户数据都汇聚在讯飞平台上，从而有机会来打造一个产业生态。当竞争对手还在语音合成上埋头推车的时候，科大讯飞已经有了更多发展方向。产业化的路径选择，是科大讯飞能够笑到最后的一个重大基石。

互联网行业有个说法，做平台才会生生不息。BAT 的阿里巴巴和腾讯，都是典型的平台化企业帝国，只有百度不明显，但百度旗下也有不少平台，比如搜索资源平台、移动应用平台、开放服务平台、众测平台等。

刘庆峰也一直想建立自己的开放平台，在他看来，语音产业需要构建更好的生态。一方面，语音可进入社会生活的每个角落，有人类活动的地方就有语音需求，语音不是单一产品，围绕它能够衍生出很多应用。另一方面，搭建平台可以让更多人通过自我创新从中获益。

过去 10 年，科大讯飞对整个产业生态的贡献，主要是 iFly inside，即为广大 B 端客户提供最好的技术支撑。中国电子企业百强前 10 名中，有 8 家在用讯飞的技术。到 2010 年，国内已有 2000 多家龙头企业在用讯飞的语音技术。客户定位主要针对中大型企业，因为讯飞提供的技术往往有较高门槛，企业需要先花费高额资金购买讯飞的技术，才能再去开发自己的应用。

但另外一个现实是，中小企业很想使用讯飞的技术，但碍于成本太高，只能望而却步。花 30 万元买硬件，花 30 万元买平台，再加上其他成本，没有 100 万元预算，根本没办法开展业务，这一投入对于中小企业来说，确实太高昂。

如何惠及数量众多的中小企业呢？刘庆峰想到了一个办法：构建"语音云"平台。中小企业在产品开发出来后，可直接依托讯飞语音云平台对外提供服务，免去了前期在服务器上的资金投入。有了云平台，讯飞通过云端，可以实现自我进化，后台数据越多，讯飞的识别准确率越高。

2010 年 10 月 28 日，"科大讯飞'语音云'发布会暨移动互联网语音创新论坛"在北京隆重举行。会上，刘庆峰宣布全球首个同时提供语音合成、语音搜索、语音听写等智能语音交互能力的移动互联网智能交互平台——"讯飞语音云"正式上线。

想起当天的情景，刘庆峰在事后还心有余悸："站在发布会现场进行演示时，我很紧张，担心出岔子。因为当时我们的团队对于做平台还没有太多经验，输入法性能不太稳定，在发布会之前，已出现过网络超时等问题。不过，好在我们平台技术人员为此熬了四五个通宵，这通宵没有白熬，当天的演示很成功。"

刘庆峰很紧张，还有一个原因，当天来了两位大腕嘉宾：中国科协名誉主席周光召、联想控股董事长兼总裁柳传志。在这两位面前，一旦出了差错，科大讯飞的脸面就很难挽回了。好在，他的演示很成功，两位大佬在现场不吝赞美。

周光召在致辞时表示："科大讯飞不仅技术精湛，而且对新的技术和市场也很敏感，相信他们的前途会非常广阔。同时也希望通过这次机遇，使得中国有更多的企业能够进入世界大企业的行列。"

柳传志也夸奖："科技出身的刘庆峰博士，花了大量的精力，领导团队研究企业管理、企业战略、企业文化，使科大讯飞不是一根靠得技术奖项生存的高高细细的竹竿，而是技工贸结合，以技术为突破口的底盘扎实的金字塔。在未来的系列竞争中，科大讯飞大势可成，前程无量！"

比起大佬的口头夸奖，"语音云"带来的"长尾效应"，更是让刘庆峰喜不自胜。在此之前，科大讯飞是一个不折不扣的 B2B 公司，用户增长很慢。发布"语音云"之后，用户骤增。

> 发布会后，讯飞用户数增长非常快，这是我没有想到的。但过了几天，用户流失率开始直线下降，突然间幻觉破灭了。我开始担心用户不再关心语音，开始怀疑该产品能否被用户一直使用。后来我们分析了原因：用户很可能只是觉得好玩才下载的。从让大家觉得好玩到让大家觉得好用，对我们来说，是一个很大的跨越。我们开始注重产品的实用功能，比如打电话、发短信、听音乐等。此后，用户每天使用量开始慢慢提升。

用户增加 100 万人之后，刘庆峰开始给团队下命令：2011 年发展出 1000 万用户。面对这个天文数字，负责人江涛很苦恼。为了找用户，江涛尝试拿出两万多元在互联网社区做 Banner 广告，但最后谁也没能说清这两万多元能带来多少用户，又有哪些用户是广告带来的，最后只好把广告暂停。

广告暂停之后不久，用户突然就增加起来，到 2011 年 12 月初，用户数量轻松突破了 1000 万。到 2012 年 6 月，用户数已经达到 6000 万。

庞大的用户基础，为科大讯飞带来另外一笔"无形资产"。在科大讯飞拥有的这 6000 万终端用户里，60% 以上是"语音云"合作伙伴开发应用产生的客户，比如新浪、搜狐、网易、小米等，另外的40% 左右用户来自科大讯飞的示范应用"讯飞输入法"。这个庞大的"语音云"每天能为科大讯飞带来 4000 多小时的语料数据。这些语料均是自然的南腔北调的声音，通过提取，声音特征可为算法所用。正是凭借这些五花八门的语料数据，科大讯飞的语音识别准确率上升到 90%，成为业内第一。

"中文版 Siri" 引起的蝴蝶效应

2011 年 Siri 的问世，带来了新一波语音热潮。在 Siri 没有正式登陆中国市场之前，科大讯飞抢先研发出了"中文版 Siri"——讯飞语点。讯飞语点引起了语音助手争夺赛。

2011 年 10 月 5 日，苹果公司在美国加利福尼亚州召开新产品发布会，推出 iPhone 4S，一时间引发全球关注。在不到一个月的时间内，iPhone 4S 畅销 22 个国家。iPhone 4S 待机时间变短、拨打电话时突然静音，状况不少，却能风靡全球，有两个重大原因：其一是苹果创始人史蒂夫·乔布斯去世，iPhone 4s 被解读为 iPhone for Steve，有着非同寻常的意义；其二是 Siri 的正式问世。

Siri 原是一个第三方应用，成立于 2007 年，2010 年被苹果以 2 亿美金收购，最初是以文字聊天服务为主[1]，随后通过与语音识别厂商 Nuance 合作，Siri 实现了语音识别功能，然后一步步发展成现在的样子。在 iPhone 4S 的发布会上苹果公司称之为 Siri Voice，当时这一应用还能在 App Store 上轻松找到。但在发布会结束后，这一应用就再也找不着了。从此，Siri 成为苹果 iOS 系统的一部分。

---

[1]《iPhone 被中国公司要求禁售！侵权长达 10 年之久》，快科技，2021 年 9 月 7 日

iPhone 4s 是在 2012 年才进入中国的，因为直到 2012 年 9 月 20 日，Siri 才开始支持中文。之前它只支持英文、法文和德文的语音识别，其中英文部分只支持美国、英国和澳大利亚的口音，对于其他国家和地区的英语口音在识别上还存在困难。

Siri 实现中文语音识别之前，神奇的事情发生了：一款"中文版Siri"在各大 App 应用商店上架了。那些 iPhone 4s 的尝鲜客和广大Android 用户于是享受到了"Siri 说中文"的快感。

这款被网友称为"中文版 Siri"的 App，正是讯飞语点。讯飞语点兼具语音输入、对话和搜索功能，和 Siri 有很多相似功能，但又比Siri 多出很多功能。

刘庆峰在《环球企业家》采访时骄傲地说："我们与 Siri 有根本的不同。Siri 更多地强调趣味性，对于手机厂商来说，增加了产品销量，但消费者不可能天天'调戏'一部手机，所以科大讯飞追求的是实用性，然后兼顾一些娱乐功能。"

毕竟苹果公司是生产手机的，Siri 被融合为 iOS 系统的一部分之后，已经越来越娱乐化了。而科大讯飞并非生产商，讯飞语点服务于手机之外的多种应用场景，它必须具备更丰富的实用功能，才能在市场有立足之地。对于讯飞语点的定位，刘庆峰如是说：

> 如果说乔布斯在做一件艺术品，那么我们希望创造生活必需品。

刘庆峰将这种理念贯彻到讯飞语点的开发上。讯飞语点的研发其实从 2010 年就开始了，比讯飞语音输入法还早。Nuance 公司是科大讯飞的对标公司，它的一举一动都在科大讯飞人的关注之中。当Nuance 帮助 Siri 实现语音识别功能的消息在业界传开之后，科大讯飞立马跟进了研发。当时，从摩托罗重新回归的葛勇负责带队研发。

因为意识到 Siri 发布将带来的语音热潮，刘庆峰异常重视讯飞语点的研发工作。在一年多的研发过程中，有上百人参与讯飞语点的设计、研发和测试。刘庆峰本人常常关注最新进展。因为他的"热心关注"，团队每一次提案都变得战战兢兢。

"刘总对技术很挑剔，一点点瑕疵都逃不过他的眼睛和耳朵，我们为此争吵甚至拍桌子是家常便饭。"过去，脾气火暴的葛勇因为和刘庆峰总是起争执而赌气离开了，回归后这一现象并没有得到改善，但是经过"出走"，葛勇显然意识到了这种彼此不当外人的沟通方式是多么珍贵。

当沟通对事不对人，那么争吵和拍桌子就可以视作一种"润滑剂"。让葛勇无比佩服的是，刘庆峰的"听力"实在太好了！每当他演示完一个新版本，刘庆峰不用任何工具，只用他那双耳朵，就能检测出问题。

有一次，刘庆峰听完 demo 就变脸了："为什么这段语音会出现两个人的声音？"

葛勇和团队当下就傻眼了。因为他们知道刘庆峰是一个追求完美的人，所以在递交成果之前，反复测试、反复聆听、反复核对，团队没有一个人听出来，但刘庆峰就是能听出来。

跟着一个完美主义老板，研发团队能做的就是一遍又一遍地修改，因为"想糊弄刘总，没门儿"。众所周知，乔布斯是一位"又可爱又可恨"的"极致的完美主义者"，他对产品异乎寻常的极致追求深深影响了互联网工作者。在无数膜拜乔布斯的企业家中，刘庆峰是其中之一。尤其是对标苹果公司的产品，这种追求完美的诉求就再正常不过了。有时候面对刘庆峰"鸡蛋里挑骨头"，葛勇和团队就把他当作另外一个乔布斯。

功夫不负有心人。讯飞语点带给用户的体验，获得了一致好评。当初给产品命名的时候，团队提交了很多参考，最后刘庆峰将之定为"语点"，意为"语音点亮生活"。最终，他们实现了期望，讯飞语音输入法和讯飞语点正在改变着手机用户的使用习惯，科大讯飞在更多领域"点亮"人们的生活：国家语委彻底取消了普通话考试的人工评测；微博玩家爱上了用嘴巴发号施令；外卖一族开始用语音打开大众点评网寻找自己中意的美食；广东的玩具厂开发出了各种声控玩具……国人步入语音生活时代，讯飞输入法和讯飞语点功不可没。

面对科大讯飞的重大突破，中国互联网大佬 BAT 坐不住了。2012 年 , 百度动作频频，先后推出了语音助手和语音开放平台，其意图不言而喻；腾讯也重拳出击，微信成立了语音技术团队，上线了公众账号语音提醒功能 , 开放了语音识别接口；阿里巴巴的语音识别虽迟必到，阿里巴巴成立了 IDST 语音团队，联合海尔 U+ 实验室研发出 YunOS 语音识别技术。面对 Siri 掀起的语音热潮以及 BAT 的包抄，刘庆峰没有胆战心惊，反而心生亢奋，终于可以和他们在一个赛道一较高下了！

超越标杆 Nuance 公司

以前，Nuance 公司一直是科大讯飞学习的榜样，但从 2010 年开始，科大讯飞已经从模式上超越 Nuance 公司。与科大讯飞后来的发展相比，Nuance 公司的结局令人唏嘘：因为突破乏力，Nuance 公司最终被微软收购。两相对比，我们不得不承认刘庆峰在企业发展的关键时刻，眼光是多么长远，决策是多么英明。

1998 年，刘庆峰决定创业的时候，找遍全球做语音的企业，只有一家企业入了他的"法眼"——Nuance 公司。Nuance 公司成立于 1992 年，主要业务是智能语音识别，主要收入来源是出售在医疗记录听写、客服电话、语音邮件中使用的语音识别和记录工具。

"Nuance 就是我们要学习的榜样！"当时刘庆峰很激动地对团队说。创业难，但是有一个模板可以参考，难度系数就会降低不少。

Nuance 的主要营收靠医疗业务，但中国医疗跟美国不太一样，一是医生操作电脑的能力和水平不够，二是电子处方对医嘱的信息化没有那么高。所以，刘庆峰决定从它的第二业务——客服电话学起。据 Nuance 公司官网称，其在全球语音识别呼叫中心市场上的占有率约为 75%。于是，刘庆峰对语音呼叫这一块异常重视，如前文所述，他成功拿到了华为这个大客户，度过了生存期。

Nuance 公司一直把自己定位为"语音技术提供商"，立着"全球最大语音识别技术公司"的人设，成功吸引到苹果、亚马逊、三星、诺基亚等客户。世界语音技术市场，有超过 8% 的语音识别是采用 Nuance 识别技术，Nuance 名下有超过 1000 个专利技术，公司研发的语音产品可以支持超过 50 种语言，在全球拥有超过 20 亿用户。在金融领域，超过 500 家客户；电信行业，前 15 大公司有超过 10 家为 Nuance 用户；在医疗行业，77% 的美国医院都在使用 Nuance 技术，全球 50 多万名医生在使用 Nuance 公司的 Dragon Medical 平台。曾经，Nuance 公司是全球公认的语音识别老大。公司巅峰时期拥有 7000 余名员工，这种规模在"小而美企业"当中算是相当壮观了。

"做最专业的中文语音技术提供商"，曾经是刘庆峰对科大讯飞的定位，而这也是拜 Nuance 这个标杆所赐。科大讯飞通过二次融资摆脱资金掣肘后，就开始把精力用在开发重大企业商户上，以为这些企业提供语音技术为傲。

2005 年 10 月，Nuance 公司和 Scansoft 公司合并，更名为 Nuance Communications，Inc。新公司仅在家庭图像应用领域继续延用 Scansoft 的名称。合并后的新公司在这年成功登陆纳斯达克。Nuance 上市后，科大讯飞更坚定了信念：一心学习 Nuance 好榜样，努力做到上市。事实是，刘庆峰做到了。

在 Nuance 上市后，科大讯飞第一时间找到了它们，争取到为其做代理的机会。换句话说，Nuance 最早进入中国市场，是靠科大讯飞。双方建立了联合实验室，开启了一段蜜月时期。很快，刘庆峰就放弃了 Nuance 这个偶像。

> 在 2006 年，我们告诉 Nuance 公司，不跟它合作了，因为我们要自己独立研发。2 年后，科大讯飞该领域技术已超越 Nuance。

刘庆峰之所以敢挑战 Nuance，一方面是基于对自身技术研发实力的自信，另一方面是基于 Nuance 的不堪业绩。自 2005 年上市后，

Nuance 一直处于亏损状态。直到 2010 年，Siri 确定采用 Nuance 公司的技术，Nuance 才声名鹊起。到 2011 年，Nuance 才首次实现盈利。而科大讯飞自 2005 年以来一直处于盈利攀升阶段，公司上市后，市值也一直高于 Nuance。这些给予刘庆峰"抛弃"Nuance 的底气。

另外一个最重要的原因是，刘庆峰在学习 Nuance 的过程中，清醒地意识到了 Nuance 的战略失误。

其一，Nuance 只把自己当成了技术服务商，不掌握最终用户数据，这是很危险的。因此，科大讯飞推出了讯飞输入法和云平台，直接面向用户，从 toB 开始向 toC 过渡。

其二，Nuance 没有将语音技术进一步优化，发展到能理解、会思考阶段，这样客户拓展就比较有限。于是，科大讯飞把语音技术不断切入教育、医疗、司法等多条赛道，丰富了 toB 业务，公司业绩增长。

其三，Nuance 过度依赖苹果、亚马逊、三星、诺基亚等大客户，以为有了他们就可以一劳永逸，殊不知这些大客户是最不可靠的。谷歌、苹果等在和 Nuance 短暂合作之后，开始研发自己的智能语音产品，进而对 Nuance 形成严峻的挑战。因此，刘庆峰发誓，靠别人永远不如靠自己！一定要坚持不断地技术创新，不断去迎合时代潮流，不断寻求突破，始终把命运把握在自己手中。面对百度和腾讯快速切入语音赛道的不利局面，刘庆峰的对策是：做出别人做不出的技术。

我们有语音合成和语音识别，能够把"听"和"说"组合起来，但他们（百度和腾讯）没有语音合成技术。

Nuance 在经历 Siri 带来的短暂辉煌之后，最终没有躲过盛极必衰的命运。随着苹果、亚马逊、三星、谷歌、Facebook 等公司逐步开始组建自己的智能语音团队，开发自己的语音技术，Nuance 的日子过得一天不如一天。

谷歌最早对 Nuance 公司"动手动脚"，挖走了 Nuance 的联合创始人，安排其担任谷歌语音识别的负责人。[1]一直依赖 Nuance 的苹果公司则在 Nuance 的大本营悄悄设立语音技术研发团队，并不断地从 Nuance 挖墙脚，致使其人才流失严重。内部人才流失严重的同时，Nuance 的客户也流失严重。这就是所谓的"胳膊扭不过大腿"，在谷歌和苹果面前，Nuance 不堪一击。

2014 年，不堪重负的 Nuance 开始出售业务，三星和其他几家 PE 公司立即竞购。2015 年，百度开始加入竞购阵营，Nuance 在最后关头，放弃"卖身"。但是营收情况并没有得到改善。2021 年 6 月，微软斥资 160 亿美元收购 Nuance 的交易获得美国的反垄断批准。2022 年 1 月，英国竞争和市场管理局正式启动对微软收购 Nuance 计划的调查；3 月，微软以 197 亿美元（约 1248.98 亿元人民币）完成对 Nuance 公司的收购。而微软也是 Nuance 的大客户之一。2019 年，Nuance 和微软宣布建立战略合作伙伴关系，以为借助微软的力量会从此大展宏图，殊不知早已被微软盯上，"翻身美梦"落得"卖身噩梦"结局。

与科大讯飞蒸蒸日上的发展态势相比，Nuance 公司的结局令人唏嘘。曾经的全球语音老大，因为突破乏力，频频面临被收购，最终落入他人之手。Nuance 公司后来的发展，一如刘庆峰的判断。刘庆峰十分庆幸自己早早放弃了 Nuance 这个标杆，并避免了 Nuance 的失误。

---

[1]《斥资160亿美元收购美版"科大讯飞"，微软要用AI阻击苹果谷歌？》，美股研究社，2021 年 12 月 23 日

与中国移动的"心有灵犀"

　　2012 年，刘庆峰等来了最理想的大股东——中国移动。中国移动承诺入股不控股，让刘庆峰很欣慰；而科大讯飞帮助中国移动开发的"灵犀"产品，则让中国移动十分满意。

　　说到微软高价收购 Nuance 公司，可能很多人不知道，微软最早想收购的是科大讯飞。2008 年科大讯飞上市之后，就不断传来微软 40 个亿收购讯飞的消息。受微软收购传言刺激，科大讯飞的股价一度"飞升"，散户和游资机构疯狂买进。

　　为什么没有成功呢？正如一位投资界的专家所揭示的："科大讯飞最重要的资产就是研发人员，如果微软单纯收购讯飞公司，没有多大意义。站在微软的角度，还不如多挖几个核心技术人员，但科大讯飞的核心人员都有股份，一般挖不走。"

　　如同当初拒绝李开复一样，刘庆峰在应对被收购传言时明确表示：就是微软开出 100 亿，我们也不会接受！

　　不是科大讯飞上市后就不差钱了，而是刘庆峰对企图"吞下"科大讯飞的投资者都抱有警惕之心。动他的公司、挖他的团队，这是刘庆峰绝对不答应的事情。在刘庆峰的内心深处，他一直都在寻找下一个联想：真心肯帮助科大讯飞成长，又不企图追求控制科大讯飞。上市 4 年后，刘庆峰终于等来了理想的大股东。

2012 年 4 月，刘庆峰听到一个消息：中国移动要在合肥召开量化薪酬会议。得知该消息后，刘庆峰当天带领管理团队，"堵"在会议室外。

刘庆峰从来没有发现时间原来可以这么缓慢。"如果李跃肯给我们半小时，我一定会让他见识到讯飞的真正实力！"

李跃是中国移动总裁，此刻他正在会议室内主持会议。刘庆峰对于拿下李跃，其实毫无把握。时间一秒一秒地走，刘庆峰除了焦急等待，别无他法。

接下来的事实证明，刘庆峰的担忧完全是多余的。

刘庆峰团队的精彩汇报，成功吊起了中国移动总裁李跃、副总裁沙跃家及几个部门负责人的兴趣。原计划的半个小时汇报，实际进行了近一个半小时。除了技术方面的问题，李跃还问了很多刘庆峰事先没有准备的问题，特别是股权架构和股东分布情况。

临别时李跃意犹未尽，并表示"我们还会再谈的"。两个月后，中国移动分管投资的副总裁李正茂找到科大讯飞，沟通战略投资事宜，双方一拍即合。中国移动随后召开董事会，通过了战略投资科大讯飞的方案。

中国移动共投资了三家公司，与科大讯飞的沟通决策是最快的，整个过程只用了几个月。

中国移动之所以选择科大讯飞，是因为自身正在承受巨大压力。中国移动手里不缺资金，但面对迅猛发展的移动互联网业务和智能手机普及大潮，不免战战兢兢。于是，中国移动在各个可能的领域四面出击、全面布局。遗憾的是，中国移动迟迟没能推出一个特别有竞争力的产品，所以中国移动急需引入新的方式，形成一些有竞争力的产品和领域。由于运营商的传统业务在语音通话，所以科大讯飞很早就进入中国移动高层的视野。科大讯飞的语音产品及服务覆盖包括智能电视、手机、平板等主流产品线，合作开发伙伴超过 4000 家。2011

年年报显示，其去年营收达 5.57 亿元，同比增长 27.74%，利润 1.44 亿，同比增长 31.13%。

"2012（年）是聚焦战略的一年，也一定是语音应用大规模爆发的一年。"科大讯飞副总裁江涛在科大讯飞 2011 年年会时发了这样一条微博。这条微博引起了中国移动高层的关注，在 2011 年年底，中国移动派人到科大讯飞总部进行了一次小范围的考察。之后却迟迟没有做出合作决定，所以等不及的刘庆峰才选择主动出击。

双方正式合作始于 2012 年 8 月 23 日。当时，作为财务投资者的上海广信和联想投资面临退出，8 月 10 日，科大讯飞发布停牌公告，表示引进战略投资者。23 日，中国移动宣布，其上市公司（中国移动有限公司）下属全资子公司中国移动通信有限公司与科大讯飞签订了股份认购协议及战略合作协议。科大讯飞定向增发的 9000 万股，中国移动以 13.63 亿元认购超过 7000 万股，由此获得科大讯飞 15% 股权。

根据签署的《战略合作协议》，双方将在语音信箱、语音应用等各个方面推出合作服务。协议签署之后，科大讯飞第一时间成立了移动互联事业部，与中国移动的数据部、市场部、集客部立刻进行了业务对接。为了便于和中国移动展开合作，科大讯飞将市场推广部从安徽搬到北京。

"科大讯飞最擅长的是语音技术和产品，中国移动的优势是用户到达和品牌宣传能力，两者组合可以实现优势互补，有希望打造出移动互联网的第一语音入口。"在接受采访时，刘庆峰自信地表示。

的确，这次合作对于双方来说都很"划算"。对于科大讯飞来说，傍上中国移动，等于获得了源源不断的资金储备。"当前来说是不缺钱，但是移动互联网要打大仗的情况下，还是要准备一些'粮草'。这样在危机来的时候可以不处于被动地位。"

对中国移动来说，这次合作将使其能够在将来分享到语音技术成长所带来的资本的价值；对移动自身业务的发展会有很大的提升，尤其是九大基地产品的智能语音技术改造（中国移动的九大基地包括：

无线音乐基地、手机视频基地、位置服务基地、电子商务基地、互联网基地、手机阅读基地、游戏基地、手机动漫基地、物联网基地）。

2012 年 12 月 5 日，中国移动与科大讯飞联合推出一款定制型应用产品——"灵犀"。"灵犀"将智能语音交互与中国移动特色资源相结合，同时打通中国移动九大基地的业务，提升用户体验。

"灵犀"首发于 App Store，上线不到 24 小时其排名便飙升至 App Store 双榜单第一。首款合作产品的强力表现，让中国移动很满意。此后，中国移动在 10086 客服平台、智能语音创新业务、智能语音行业应用等多个领域与科大讯飞展开深入合作。与此同时，中国移动进一步追加投资 15 亿，夯实了科大讯飞第一股东的地位，上海广信和联想投资正式宣告退出。

中国移动也兑现了承诺，不参与公司日常经营管理，仅履行出资人和战略投资者义务。这一点让刘庆峰无比欣慰。

启示：被动改变不如自主革命

"优秀是卓越的大敌，如果满足现状，你将与卓越无缘。"
吉姆·柯林斯在《从优秀到卓越》一书中说，"持久卓越的公司
在恪守它们的核心价值观和核心目标的同时，不断转换商业策略
和运营方式以适应这个变幻莫测的世界。这就是发扬核心和促进
发展的奇妙组合。"

英特尔（Intel）公司前董事长兼首席执行官安迪·格鲁夫也曾说过：
"在雾中驾驶时，跟着前面的车的尾灯灯光行路会容易很多。'尾灯'
战略的危险在于，一旦赶上并超过了前面的车，就没有尾灯可以导航，
失去了找到新方向的信心与能力。做一个追随者是没有前途的。那些
早早行动的公司正是将来能够影响工业结构、制定游戏规则的公司，
只有早早行动，才有希望争取未来的胜利。"

一个不得不提的大背景是，科大讯飞上市后并没有赶上好时节，
却正好赶上全球金融危机。在如此不利的情况下，刘庆峰的态度是：

危机和增长是一对孪生兄弟，危机让市场富有变化，而变化
正是增长的机遇。在金融危机的影响下，更凸显出核心技术的优
势和自主创新的重要性。创新型企业拥有更强的生命力和发展活
力。

为了给市场和股民信心，刘庆峰发动了"二次创业"——从熟悉的语音合成转战到相对较弱的语音识别，主动革命换来了科大讯飞股票的逆势上涨。

当然，刘庆峰做出这个重大决定，并非出于盲目自信。刘庆峰很喜欢《黄帝阴符经》的开卷语："观天之道，执天之行，尽矣。"就是说，看清大势，了解规律，然后照着发展趋势去做，那么一切问题都迎刃而解了。做任何事情，都必须在认识和领悟到大势所趋的基础上再做决定。创新也是如此，必须在顺应大势之下进行。随着移动互联网时代的到来，传统的语音合成技术已经无法满足新时代的需求，而通过将语音识别技术和语音合成技术的结合，科大讯飞不仅打开了新时代的大门，还比竞争对手多了一个筹码。在和其他后进者竞争中，刘庆峰充分体会到什么叫"学我者生，像我者死"。

对付危机，企业惯用的手段是，全面收缩，节衣缩食，被动过冬。刘庆峰带领科大讯飞进行"二次创业"，实际上是一种以主动出击来打败危机的积极战略。在变换赛道的时候，有人嘲笑，有人唱衰，但刘庆峰坚信，主动"找死"胜于被动"等死"。幸运的是，通过自主革命，科大讯飞换来了与中国移动抱团度过寒冬的机会。

从科大讯飞在金融危机时期的这段表现，我们似乎可以看到一个真理：领导人越是对"冬天"不屑一顾，企业就越是没有"冬天"。

第六章

死磕 AI（2013—2015）

2016 年 3 月，"阿尔法狗"（AlphaGo）打败围棋世界冠军李世石，让人工智能成为时代热潮。但事实上，早在 2011 年，AI 争夺赛已经在研发领域打响了。为了挑战"谷歌大脑"，科大讯飞在国内率先推出了"讯飞超脑"，第一时间加入 AI 战局；为了让 AI 从概念到应用，真正走进人们的生活，科大讯飞还专门成立了华南公司。在人工智能浪潮来临之际，刘庆峰再一次号准时代脉搏，成为"第一个吃螃蟹的人"，为科大讯飞带来了翻身机会。

借款 3 亿增持股，确保团队第一大股东地位

科大讯飞的爆发式发展，再次引来了资本的增投。2013 年，中国移动、中国电信、中国联通三大电信运营商与科大讯飞全面建立战略合作关系。中国移动更是大手笔投入 15% 的股份。为了确保团队第一大股东地位，刘庆峰不惜借款 3 亿元增持科大讯飞股票。

按一下手指或对着摄像头刷个脸或注视镜头扫一下眼睛就能快速识别身份、无须密码或手机验证码就可以取款、通过分析声音波形就锁定犯罪嫌疑人等，过去人们在电影中才见得到的这一幕幕酷炫的情节，都已经在现实生活中上演。

随着智能手机的普及，声纹已经广泛应用在人们的各种生活场景。但随之而来的社会问题是，声纹安全、声纹反欺诈等。这成为中国运营商最头疼的问题之一，也是促成科大讯飞与三大运营商合作的契机。

"科大讯飞存在的价值主要有三个：一是为了少年儿童的开心成长和快乐学习，做好教育门户；二是为了国家的通信安全和民族文化传播；三是为了人机之间信息沟通无障碍。我们要通过技术、市场、品牌，来形成牢不可破的核心壁垒。与民族语音相关的，都必须在科大讯飞的射程之内。尤其是跟国家安全有关的语音技术，科大讯飞必须全力以赴地攻破！"刘庆峰表示。

科大讯飞引入中国移动战略入股的原因之一，就是提升国家声纹安全。刘庆峰在接受《董事会》杂志采访时表示：

> 由于移动互联网的特点，如果数以亿计的用户在国外，中国将没有声纹安全可言，比如欧洲和北美就规定，所有云计算数据都不能离开本土。通过市场渠道及运营商的深度合作，相信对国家声纹安全会有极大帮助。

从说话人发出的语音信号中提取声纹信息，并对说话人进行身份验证的声纹识别技术，正是科大讯飞擅长的领域之一。科大讯飞通过声纹识别、多模声源定位等技术，可以将声音锁定在某个特定人，或者某个特定发音方向，从而可以很好地保护使用安全。"人脸"和"声纹"，都是人体所固有的不可复制的唯一性的生物特征，它们俩叠加在一起进行认证时，更稳定。"声纹 + 人脸"认证，被叫作生物认证，是最高安全等级的"人体秘钥"，也是科大讯飞的重要研究方向之一。但是，这种先进的技术，只有借助运营商的支持，才能得到最大化商业应用。

2013 年，科大讯飞与中国移动、中国电信、中国联通三大电信运营商全面建立战略合作关系。[1] 互联网的后台收费，加上同运营商合作渠道的分成，是刘庆峰看重的商业模式。刘庆峰更看重的还有互联网门户级的产品，想做成可持续的收入，避免传统的制造业或单纯的技术授权。

正如工信部副部长杨学山所揭示，智能语音技术在智能家电、移动设备、车载设备、儿童玩具、办公应用等领域具有巨大的应用潜力，相关产业和市场在未来几年内将迎来新一轮发展机遇。

---

[1]《胡郁：让我们的声音传遍世界》，中国科学报，2014 年 8 月 22 日

通过科大讯飞的技术，加上三大运营商的用户，未来，科大讯飞不仅可以帮助三大运营商建立语音平台、拓展电信增值业务、提升智能语音服务等，从而直接从三大运营商那里拿下大单；还可以通过"截流"，开发出越来越多的智能化应用产品，从 C 端增加营收。与电信签订战略合作协议，合作前景可谓一片光明。

但团队还是有人提出了自己的担心："可是……会不会引狼入室呢？"

尽管占 15% 股份的中国移动，明确承诺不做第一大股东，不参与科大讯飞的管理，不干涉对科大讯飞的独立性发展。但承诺终究只是承诺。创业团队的担忧不无道理。刘庆峰引起了警惕之心，怎么办呢？

"不想被反噬，就只能我们自己做大股东！"刘庆峰对团队说。

为此，他动用自己的关系，向银行和担保机构借款 3 亿元增持科大讯飞股票，确保第一大股东地位。

这不是刘庆峰第一次借款。早在 2000 年的时候，科大讯飞刚落户合肥高新区不久，接到一个"校校通"工程，需要投入资金 4000 万元。这对于科大讯飞来说，无疑是一次腾飞的良机，但此时的科大讯飞青黄不接——厂房刚建成，公司流动资金已告罄，新的房产证又没拿到手，用副总裁陈燕的话讲，"公司没有任何看得见的值钱的东西，去银行抵押贷款想都不敢想"。第一桶金，对科大讯飞至关重要。情急之下，刘庆峰让陈燕找到合肥高新信用担保有限公司，借了 4000 万元。

企业家的胆识都是被"逼"出来的。有了第一次铤而走险，后面胆子就会越来越大。上市后，愿意借钱给科大讯飞的银行很多，刘庆峰再也不用向担保公司借钱了。但即便是向银行借贷，也是有风险的。这 3 亿元借款和 2015 年的救市筹款，后来为刘庆峰带来了"网暴"压力。

2019 年 12 月底，刘庆峰转让给其名下的全资子公司言知科技 3900 万股，该次股权转让完成后，其直接与间接持有科大讯飞的股份总数并没有发生变化。但是有些媒体拿"减持股票"大做文章，闭口不提他减持的是言知科技的股份，让股民误以为他减持的科大讯飞的股票，从而引起投资市场的恐慌与口头讨伐。

事实上，刘庆峰转让股份有两大原因：其一，欠款到期。科大讯飞在引入中国移动战略投资者的时候，刘庆峰为了确保团队持股第一，以个人名义向银行借款 3 亿元增持股票，按照合同约定，还款期限迫近，刘庆峰才无奈做出了借资还债的决定。其二，为了增加对科大讯飞的实际控制权。刘庆峰转让 3900 万股给言知科技后，个人持有言知科技 75.48% 的股权，实现了对言知科技的绝对控制权。绝对操控言知科技的目的，其实是为了增加对科大讯飞的控股权。刘庆峰对科大讯飞的个人持股比例其实不高，这让他不安心。个人持股加上言知科技持股，刘庆峰对科大讯飞的控制表决权就间接提高了。

"我欠银行一屁股账……"

在很多公开场合，刘庆峰如是说，然而并没有多少人相信。

面对外界误解与质疑，刘庆峰没有选择打嘴皮子战，而是以实际行动，让"看笑话的人"自动闭口。2020 年 1 月，刘庆峰再次向言知科技转让持有 2130 万股。2021 年 1 月 13 日，科大讯飞每股收于46.40 元，总市值达到 1032.24 亿元。1 月 19 日，在历史性高位时刻，刘庆峰抛出了 20 亿现金增持计划。刘庆峰此举的目的，就是让外界看清科大讯飞长期发展的坚定信心。而此次增持，正是借助言知科技实现的。随着言知科技对科大讯飞的持股比例上升，刘庆峰实控人控制表决权合计将提升至 18.99%。至此，外界才看明白，刘庆峰实则提前下了一盘增持大棋。

第二次重大转型：从语音识别到人工智能

2014 年，发布讯飞语音云 3.0、灵犀 3.0，正式启动"讯飞超脑计划"，即确定"从能听会说到能理解会思考"目标上的转变。这是科大讯飞的第二次重大转型：从语音识别到机器的学习和推理。

"人工智能"一词诞生于 1956 年，当时大多数研究人员认为创造 AI 的最佳方法是写一个非常高大全的程序，将逻辑推理的规则和有关世界的知识囊括其中。举例来说，如果你想将英语翻译成日语，需要将英日双语的语法和词汇囊括其中。这种观点通常被称为"符号化 AI"，因为它对认知的定义是基于符号逻辑的。这种方案有两个弊端：一是非常耗费人力和时间；二是只有在规则和定义非常清楚的领域才有用：如数学计算和国际象棋。但如果拿这种方案来解决翻译问题，就会捉襟见肘，因为语言无法与词典上的定义一一对应，而且语言的使用中会出现各种变形和例外。所以，即使后来深蓝计算机在国际象棋上战胜世界冠军，人们还是觉得它距离"人工智能"还很遥远。

关于人工智能，逐步有了一种新的研究方向，就是模仿人类大脑本身。从科学角度来看，大脑只不过是一堆神经元的集合体，神经元之间会产生电荷，因此单个神经元并不重要，重要的是它们之间的连接方式。这种研究从 1943 年开始了，而谷歌大脑是世界上首个对这种观点进行商业投资的机构。

2011 年，全球云计算悄然兴起，谷歌的专家团创立了深度学习项目——"谷歌大脑"。2012 年，谷歌大脑团队进行了一场试验：将 1.6 万个处理器相连接创建出了全球最大的中枢网络系统，自主学习 1000 万张图片后，在 YouTube 视频中成功认出了猫的图像。这个试验结果轰动一时。接下来，谷歌大脑团队开发出了远超以往最佳方案的机器翻译以及语音与图像识别神经网络。

随后，百度在 2013 年年初成立了世界上第一个深度学习研究院。2013 年下半年，百度在世界上首次将深度学习技术应用于大规模搜索排序系统。2014 年 5 月 16 日，"谷歌大脑"创始人之一的吴恩达加入百度，担任百度公司首席科学家，负责百度研究院的领导工作，百度推出了与"谷歌大脑"争锋的"百度大脑"计划。

谷歌和百度都是刘庆峰欣赏的对象。在"人工智能"的商业应用领域再次出现新市场之后，科大讯飞不可能无动于衷。2014 年开始，刘庆峰正式提出：

> 让机器从能听会说，到能理解会思考，从语音合成识别到机器的学习和推理。

2014 年 8 月 20 日，科大讯飞的"语音点亮生活"主题发布会上，不仅发布讯飞语音云 3.0 和灵犀 3.0，还正式宣告"讯飞超脑"、类人答题、人脸识别等智能计划。

人脸识别专家、胡郁的引路人——香港中文大学信息工程系终身教授汤晓鸥，当天莅临发布会现场，亲自为弟子捧场。汤晓鸥在会上说了这样一句富有感染力的话："中国人是可以做原创技术的，并且可以做无与伦比的原创技术！"

另一位专家邵宗有先生这样分析"百度大脑"和"讯飞超脑"的

差异性："百度和科大讯飞是引领中国人工智能发展方向向两家主流公司，讯飞是'定向'智能，百度是'通用'智能。百度大脑像人一样，什么都要懂一些，所以才 3、4 岁的水平。但讯飞超脑是专攻单项，可以比较快地做手机应用、智能助手。[1]"

比起百度的财大气粗，科大讯飞的超脑研究聚焦于语音和语言，利用自己的强项——自然语言处理技术，去探索让机器自动学习。胡郁说："人类相比于动物，就是因为有了语音和语言，从而有了自己的世界观和概念的表达，有了对世界的认识，最后有了宗教和灵魂。讯飞超脑的目标是做能够理解人类语言，掌握人类的概念，进行人类的推理，拥有自学能力的人工智能系统。"

讯飞超脑计划有 100 亿个神经元，在参数上和百度大脑差不多，按照刘庆峰的说法：科大讯飞和百度不是竞争关系，而是相互促进关系。

对于人工智能的三大难题——人工神经元的连接、神经元数量完全达到人脑水平、让机器具有自动学习功能，超脑团队信心满满，刘庆峰表示，在人工智能方面，科大讯飞和跨国公司相比可能还有优势，甚至更有可能尽快突破。

为了让社会大众能够看明白超脑计划，科大讯飞率先推出了一个考试机器人项目。超脑团队率领 863 专家组，和国内三十多家单位合作共同研究，志在 3 年内通过高考，争取能够达到一本水平。

高考答题机器人是国家 863 项目，科大讯飞作为总牵头单位，从此成为智能教育的先锋。借助在教育刚需市场做深、做透，科大讯飞的超脑计划比起谷歌大脑和百度大脑，更接地气。也因为有国家 863 的权威支持，科大讯飞在人工智能突破上比跨国公司更快。

---

[1]讯飞超脑——科大讯飞人工智能计划揭秘，静．沙龙主题分享第 6 期，中国经济网经营顾问杨静

　　用"语音和语言"点亮"人工智能"的发展之路，在教育领域引爆，这是刘庆峰事先没有预料到的。不管怎样，通过智能教育这个支点，科大讯飞撬开了人工智能的大门，与百度公司一起，站在了中国人工智能产业的前列。

实施"轮值总裁制"，稳定高层军心

科大讯飞自 2014 年开始实行"轮值总裁制"，至 2020 年 6 年间，公司副总裁陈涛、胡郁和吴晓如三人分别轮流担任轮值总裁职务。通过"轮值总裁制"，刘庆峰选出了总裁接班人。

联想投资正式退出的时候，刘庆峰和柳传志有过第二次长谈，他请教柳传志：

"站在管理的角度，接下来什么最重要呢？"

柳传志语重心长地说："以我办联想的体会，最重要的一个启示是，除了需要敏锐的洞察力和战略的判断力外，选好接替自己的人，是企业领导者最重要的任务。"

"如何选出真正的接班人呢？"

柳传志给他传授"三分天下"真经：分"利"、分"名"、分"权"。

天下熙熙皆为利来，天下攘攘皆为利往，趋利是人的天性。"打土豪分田地"的历史经验告诉企业家，要想凝聚人心，分钱必不可少。分钱得讲究技巧，遵循以下三个策略，一是分得多，永远比竞争对手多分一点，这样在行业内就能保有比较大的竞争优势；二是分得快，你的结算体系比竞争对手快一点，这样别人更喜欢跟你走在一起，一般来说，分得越快，周转越快，周转越快，下属的动力越大；三是分得久，分钱的直接目的就是不做一竿子买卖，而是持续建立事业和利益共同体，形成稳固的共同体。如何做到这一点呢？就是股权激励。

在这方面，科大讯飞的"创业导师"——联想就做得很好。1993 年，在中科院的支持下，联想获得了 35% 的公司分红权，公司负责人没有直接把分红分给大家，而是在合适的时候把分红转化成股权分给大家。当时，公司根据骨干的实际贡献，制定了一个分配方案，直到 2001 年，联想公司有足够实力之后，用 1.6 亿元买下了这 35% 的国有股权，于是，有分红权的骨干们一夜之间成为企业的所有者。

这么做有两大好处：对于个人来说，分股权可以让创业合伙人持久分到钱，获利更多；对于联想来说，把人才捆绑起来，更利于企业的稳定发展。

借鉴柳传志的做法，刘庆峰借钱确保团队为第一股东，让大家始终有企业的主人翁感，但条件是："你们谁也不能减持！"

刘庆峰和其他 13 名自然人股东共持股 1953.24 万股，上市后，立刻造就 3 名亿万富翁和 14 名千万富翁，而各参股股东也都从中获得丰厚的收益。3 名亿万富翁分别是：王仁华，创业时出资 24 万元，上市后市值达到 1.44 亿元，财富增值 600 倍；陈涛，创业时出资 9 万元，上市后市值超过 6400 万元，财富增值 711 倍；吴相会，出资 6 万元参与投资，上市后市值超过 2626 万元，财富增值 437 倍。无论是亿万富翁，还是千万富翁，大家和刘庆峰一样，自始至终都没有减持过。

心理学家马斯洛的需求层次理论指出：人的需求遵循生理需求、安全需求、被尊重的需求、人际交往的需求和自我实现需求的递增规律。比起分"利"，技术人才更看重分"名"和分"权"。这一点，技术出身的刘庆峰更清楚。

2009 年，刘庆峰从王仁华那里接过董事长的接力棒，同时身兼总裁，权力的增加意味着责任的增加。"一手遮天"的他并没有感到兴奋，这时候的他其实已经有授权意愿，他深知，只有将权力和责任下放，将身边的人都培养成一个个巨人，科大讯飞的战斗力才会更强。因为忙着融资，他一直没有精力考虑这件事，而且在融资不到位的情况下，也没有人敢接力。在傍上中国移动这棵大树之后，刘庆峰认为是时候放权了。"十八罗汉"都走上了管理岗位，本来公司的业务就越来越多，每个人负责一摊还管不过来，所以有些人负责好几个项目。

让刘庆峰始终揪心的是：接班人该交给谁呢？

这些跟着自己闯天下的好兄弟，每个都是自己精心挑选出来的精英，他们的技术实力都很抗打，问题是，谁能胜任总裁职位呢？似乎谁都可以，但提拔谁又都难以服众。

思前想后，刘庆峰想到了一个办法：实行"轮值总裁制"。这个制度，其实是刘庆峰从华为那里学来的。华为企业太大，高管太多，而总裁的地位又高出高管太多，权力非常大，所以总裁一定得选好，否则就会出大事。可以说，任正非是处于无奈，才想出此办法。

对于接班人，刘庆峰其实早有了 3 个人选：吴晓如、胡郁和陈涛。从 2014 年开始，刘庆峰开始让这 3 个人轮流当副总裁。事实证明，这一制度效果十分明显。

吴晓如做第一任轮值总裁，把科大讯飞的一级项目管理做上了一个台阶；陈涛作为第二任轮值总裁，把科大讯飞的能力平台建设做上了一个台阶；胡郁作为第三任轮值总裁，赶上新冠疫情黑天鹅，但科大讯飞不仅安然渡过难关，还逆势发展。

三位候选人在轮值做副总裁期间，都用实力证明了自己的价值。2020 年，六年轮值结束，刘庆峰做出了最终决定：将接力棒交给了吴晓如，他正式辞去总裁职务，把自己从日常经营中解放出来，将更多精力投入到思考战略、长期组织架构、内部机制以及关键人才的选拔培养上。而陈涛和胡郁也有了更高级别的安排，分别担当起新公司的一把手，此为后话。

收购启明科技，拉开并购扩张序幕

有了中国移动这个大股东之后，科大讯飞不再为资金发愁。刘庆峰制定了"平台＋赛道"的发展战略，在多个领域重拳出击，在"百花齐放，百家争鸣"中，教育赛道脱颖而出。为了在教育赛道夯实龙头地位，刘庆峰开始了收购尝试，从此一发不可收。

中国移动战略入股后，科大讯飞获得了充裕的资金。手握 20 亿资金，该干点什么呢？

"我们只要服务好中国移动这个大客户就好了。我们可以利用语音技术，为中国移动搭建人工服务平台，可以帮助中国移动做好飞信，还可以继续升级灵犀产品……"

想着围绕中国移动可以展开这么多业务，团队成员很激动，但是刘庆峰却激动不起来。就算可以每年从中国移动，甚至从中国联通、中国电信拿到固定订单，那也不能保证公司万事无忧。俗话说得好，鸡蛋不能放在一个篮子里，在一棵树上迟早会吊死。必须拓展其他业务。

就是在这个时候，刘庆峰提出了"平台＋赛道"的发展战略。"平台"就是云服务平台，过去的讯飞语音云平台，升级为人工智能全行业服务开放平台；"赛道"就是除了智能手机领域之外，继续开拓教育、医疗、车载、智能家居、机器人、文化演出等领域。通过多个赛道开拓市场，既能给股东在业绩上有交代，也能为科大讯飞获得真正的安全感。只有摆脱对单一业务、单一客户的过度依赖，企业才能真正自立自强。

"高！刘总就是眼光长远！"秘书江涛为刘庆峰竖起了大拇指。

在"平台＋赛道"的生态化发展战略思想指导下，科大讯飞的技术人才开始流向了不同的领域。

在智能家居赛道，科大讯飞与北京广东等地方广电，三大运营商，海信、长虹、TCL 等国内前六大电视机品牌商都有合作。科大讯飞不仅让用户通过语音更为方便地看电视，还向创业者开放，他们可以在上面开发儿童学习、故事频道等应用。讯飞与中移动联合推出的智能语音助手灵犀 3.0，可操控智能家居设备。灵犀 3.0 全面接入智能家庭领域，推动了"从手控到声控"的变革。年轻人装修房子买家具时，只要按照建议的型号完成空调、微波炉、窗帘、电饭锅等物品的采购，家里所有物品即可实现手机操控，甚至在路上就可以打开电饭锅，提前把饭煮好。基于中国移动无线音乐基地大量正版音乐资源，科大讯飞与之联合推出了讯飞智能音箱。针对智能家居产业良莠不齐的现状，科大讯飞还积极推动中国智能语音行业标准的制定。科大讯飞牵头成立了语音产业联盟，和运营商、电视机厂商、科研单位、语言技术研发企业以及各高校共同搭建了一个产业上下游交流的平台，得到了工信部的大力支持。

在车载赛道，科大讯飞已和奔驰、宝马、一汽等国内外汽车厂商、国内外多媒体厂商、导航厂商，甚至整车厂商形成了一个体系，以加速推动智能语音在车载终端的深入应用。2013 年 8 月，讯飞车载语音点播系统申请了专利。随后陆续开发出向汽车驾舱提供专属服务的飞鱼 OS、深度融合语音＋视觉＋形象＋场景能力／技术，以实现人－车自然交互体验的飞鱼智能助理、让每辆车都能成为生活出行音乐殿堂的飞鱼智能音频管理系统、实现全渠道直连用户的飞鱼智能销服解决方案。通过不断升级车载技术，科人讯飞在该领域稳固占领 60% 以上的市场份额。

在文化输出赛道，全国唯一打通三大运营商的音乐搜索和音乐发布平台就是讯飞做的。该平台用户 2013 年年底达 9000 万，其中收费用户上千万。黄梅戏等地方戏曲，可以通过该音乐平台推销给各大运营商。而做音箱、玩具等其他产品的合作伙伴，可直接将该黄梅戏放到自己的个性化产品中使用。在这个开放性平台上，大家可以相互促进、合作共赢。

当然，作为人工智能引爆点的教育赛道，科大讯飞取得的战果最为突出。

2013 年，吴晓如带领团队与北京外研社合资成立了北京外研讯飞教育科技有限公司。外研社拥有国内大学英语教材 60% 以上的市场份额，在它将英语教学应用面向大学生推广后，老师、学校、出版社以及更多第三方推广教学应用的机构都可以在这个平台上使用。

紧接着，科大讯飞又和基础教育出版行业的龙头——人教社合作，进行教学平台、网络学习、电子书包等一系列数字化产品的联合开发和应用推广工作；随后，又与北京师范大学合作，共同创建了基础教育质量检测协同创新中心，并推出了教育评价云。

总之，科大讯飞和出版社、大学都已形成很好的合作体系，这让公司坚定了以教育为突破点的聚焦战略。公司的资源也更多向教育赛道倾斜。因为在教育领域的杰出贡献，轮值总裁吴晓如后来成了继刘庆峰之后的总裁。

教育新赛道的最大影响是它揭开了科大讯飞的收购序幕。2013 年 6 月 12 日，科大讯飞以 4.8 亿元高价收购广东启明科技发展有限公司[1]（简称"启明科技"）100% 股权的消息，在业内引起了一片哗然。

---

[1]《科大讯飞豪掷 4.8 亿购启明科技》，每日经济新闻，2013 年 6 月 25 日

要知道，启明科技 2012 年营业收入不过 6101 万元，净利润才 2013 万元。这种高溢价收购，不仅引发外界质疑，连团队也表示不理解。

"舍不得娃娃套不了狼！"刘庆峰的收购态度斩钉截铁。

长期以来，语音技术被视作小儿科，虽然大家对它的先进性表示认可，但是对它的商业化运用持怀疑态度。现在科大讯飞终于找到了突破口，教育行业被证明是潜力巨大的利润增长点，一定要抓住这个机会才行。

"收购公司目光要长远，我相信启明科技会带给我们的绝不止 2000 万利润！"刘庆峰非常看好启明科技的资源。科大讯飞开发的普通话口语评测技术是唯一获得国家语委鉴定并成功试点应用的技术，已经占领了普通话考试机考市场；把启明科技收入囊中之后，科大讯飞就可以占领英语口语考试机考市场。"听、说"部分成绩在英语考试总成绩中约占比 17%，由此带来的市场规划将达到 10 亿美元。

启明科技成立于 2004 年，自成立开始即参与教育考试行业网络评卷业务和招生考试应用系统业务，是我国中、高考网络评卷、标准化考场建设主要服务商之一。收购启明科技之后，科大讯飞等于牢牢抓住中考、高考指挥棒，借此就能占领教辅市场的制高点。在刘庆峰看来，这绝对是一笔划算的收购。

从另外一个大背景来看，刘庆峰必须做出一个大动作，来让股东看到他做大的决心。科大讯飞在公开市场上的市盈率很高，这意味着资本市场对它未来盈利增长的期望很大。如果单纯依靠科大讯飞自身体系内生增长，很难满足资本方的盈利预期。沿着生态链开展兼并收购，就成为一种必然选择。

刘庆峰是一个很果敢的人，一旦做出决定，立马就督促团队执行。为了快速拿下启明科技，刘庆峰以电子邮件方式通知全体董事，于 2014 年 12 月 22 日亲自主持董事会议，促成无异议表决；并以补选胡宏伟为科大讯飞董事为条件，促成启明科技下定决心。

收购工作很顺畅，持有启明科技 58% 股权的第一股东胡宏伟承诺并保证，在收到每笔股权转让价款之日起 12 个月内，将扣除应缴税款后的股权转让价款余额全部用于购买科大讯飞股票，且自交割日起 36 个月内不得转让所购买的科大讯飞股票。其他大股东黄友亮、张焱、岳俊江、罗晓铭、许建威、许方怡、卫正鹏等也分别承诺并保证，以各自享有的扣除依据商定的可支取资金额和应缴税款后的股权转让价款余额购买科大讯飞股票，且自交割日起 12 个月内不得转让所购买的科大讯飞股票。

并购是企业实现快速壮大的捷径，大部分公司在上市之后都会选择通过并购的方式实现业绩倍增，以给资本市场一个交代。收购启明科技，可以视作一次试水，此后，科大讯飞"攻城略地"的步伐就从未停止过。收购启明科技的同一年，科大讯飞以 2.16 亿元的价格收购了上海瑞元；2015 年，分别出资 1500 万元和 3720 万元收购了启明玩具 60% 以及安徽信投 18.6% 的股权。

成立华南公司，打造 AI 应用试验田

除了并购"拿来主义"，科大讯飞还尝试了另外一种扩张方式：自建分公司。讯飞华南公司就这样应运而生，华南公司的成立，为科大讯飞的人工智能大业，插上了翅膀。

2015 年 10 月 27 日，科大讯飞位于广州市海珠区阅江西路的华南分公司成立了。这是科大讯飞征战南方市场迈出的重要一步。一直以来，广东都是腾讯、百度的天下，科大讯飞华南分公司的成立，有一种"直捣老窝"的意味。

说到华南公司的创建，就不能不提到科大讯飞的另一位高级总裁——杜兰。杜兰和其他高管不太一样，首先她是一位巾帼英雄，入选过"福布斯中国科技女性榜单"和"财富中国最具影响力的商界女性榜单"，在广东商界赫赫有名；此外，她是"空降"到科大讯飞的，不是原始创业成员。杜兰之所以能以高级副总裁的身份加入科大讯飞，是因为她和刘庆峰的特殊关系。[1]

1976 年 8 月，杜兰出生在安徽合肥，从小学习成绩优异。小学三年级时，就立志当一名科学家。高中毕业后，杜兰考上华南理工大学管理科学与工程专业。1999 年，她担任广东省学生联合会执行主席，

---

[1]《杜兰：在最美的年龄，为最纯的梦想，尽最大的努力》，南方新闻网，2022 年 9 月 2 日

和很多优秀青年聚在一起，举办各种创业大赛、科技竞赛。就在这一年，杜兰作为"中国五四奖学金"的十佳大学生广东代表，前往北京人民大会堂领奖，遇到安徽的十佳大学生代表刘庆峰。因为同乡关系，两个人很快成了好朋友。杜兰面临本科毕业，向刘庆峰表达了出国深造的想法，当时正在创业的刘庆峰对她说："为什么要出国或进外企，去遵从别人制定的游戏规则呢？为什么不能建立中国人自己的规则呢？"刘庆峰的话让杜兰心生佩服。为了表达自己对刘庆峰的仰慕之情，她和刘庆峰合唱了一曲黄梅戏。

后来，杜兰选择留在国内发展，继续深造读博士。毕业后在导师的帮助下，又进行了博士后研究。2005 年，杜兰加入中国移动广东公司担任市场部经理。在电信工作的 15 年，杜兰经历了广东通信事业从起步到腾飞再到转型的全过程。

然而，和刘庆峰一样，杜兰不是一位安于现状的人。她一直希望离开"舒适区"，到更广阔的天地闯一闯。2015 年，刘庆峰对杜兰说：

> 人工智能将和人类的生活紧密结合在一起，像水和电一样，无处不在，科大讯飞即将进行第二次冲锋，在人工智能领域开辟一个新时代。

刘庆峰的话，让杜兰下了辞职的决心。科大讯飞第一次创业，她因为家在广州没能参与，在它大鹏展翅之际，自己怎么也不能错过！杜兰向刘庆峰表达了自己的意愿与担忧，她虽然很想为科大讯飞的腾飞贡献力量，但此时的她已经成家立业，小女初长，离不开自己这个母亲。

刘庆峰大度地说："这怎么会是一个问题呢？如果你真心想加入，我们可以在广东成立一家分公司！"

当然，刘庆峰并不是随口一说，南下早已是目标，他和徐玉林等人谈过多次。一直苦于没有合适的人选。杜兰的出现，让南方公司的成立成为可能。比起安徽老乡这份交情，刘庆峰更看重的是杜兰在广东省积累的人脉资源。

2015 年 6 月，杜兰以高级副总裁的身份正式加入科大讯飞，分管集团品牌战略建设、人工智能创新和人工智能产业等，并担负起在广州创建科大讯飞华南公司的重任。

作为唯一的女性高管，作为初来者，杜兰面对"十八罗汉"一点也不惧怕，她在就职的第一天慷慨激昂地对大家说："我会跟在座的各位一起，寻找下一个梦想并实现它！"

在成立华南公司的时候，美丽、知性的杜兰，每天穿着运动鞋和安保服，戴上安全帽，骑着小电驴，和员工终日奔波在一片废墟中。每天清晨摸黑出门，晚上回家时，珠江两岸已灯火通明。华南公司的一砖一瓦，都在杜兰的见证下建成一座座办公楼。之后，杜兰开始招兵买马，把 10 人团队打造成 3000 人规模的大公司。通过她前面 15 年在电信领域积累的关系，杜兰和华南公司最终向刘庆峰交出了一张漂亮的成绩单。

在杜兰的努力下，科大讯飞成立了华南人工智能研究院，并与她的母校华南理工大学成立了融合创新联合实验室。和其他男性高管相比，杜兰一点也不逊色，她成了刘庆峰对外公关的好帮手，她的演讲能力甚至比刘庆峰还技高一筹。她曾经在一年之内发表了 52 场演讲。和其他高管一样，她也长年在外出差，按照她的话说，"我一年飞的里程能绕地球好几圈了。"在与世界各地的人工智能企业从业者交流的过程中，杜兰意识到：AI 不要去等待，而是要去应用。杜兰的加入，让科大讯飞的 AI 产业化应用迈上了一个新台阶。如今，广州成了全国知名的"AI 应用之城"，而科大讯飞华南公司是其中最闪耀的试验点。

我们知道，创业成也团队，败也团队。创业团队对科大讯飞的贡献毋庸置疑，但是只重用自己的"好兄弟"，显然不利于公司的壮大。必须不拘一格启用外人，人才才能被激活，企业才能焕发新的生机。格力有"铁娘子"董明珠，华为有"女皇"孙亚芳，科大讯飞也需要有杜兰这样一个引人注目的角色。

"至暗时刻"，筹钱救市稳定信心

> 2015 年股市"至暗时刻"，当年下半年，A 股市场牛熊反转，几乎所有股票都泥沙俱下，呈现断崖式下跌。面对恶劣的大环境，刘庆峰再次押上了全部资产，他自掏腰包、四处筹钱两次增持公司股票。

2013 年，党的十八届三中全会提出全面深化改革，三百多项改革全面推进，包括国企改革、财税体制改革等，使投资者对潜在经济增长存在较高预期。2015 年年初，国家对房地产的宏观调控逐步强力起来，致使投资市场进一步升温。2015 年上半年，股民的投资热情随着大盘指数不断地上升而高涨，本来做美股的开始转战 A 股，到 2015 年 5 月，两市持仓在 500 万以上的个人账户数量达到 23.88 万户。

一位炒股者写道："当炒股一天的收益就能抵上一个月的工资时，工作就成了浮云。4 月我从腾讯辞职，我妈很反对。6 月初的一个周末，我回家了一趟，晚上，一边吃着我妈切好的西瓜，一边给她炫耀我的股票账户。我至今记得她一脸惊诧的表情。"

然而，盛极必衰，股民的噩梦很快降临。6 月中旬，A 股市场牛熊反转，几乎所有股票都泥沙俱下，呈现断崖式下跌。在 6 月 15 日开始的这一周里，A 股高开后震荡走低，午后跳水到 5000 点大关，创业板连失 3900 点、3800 点、3700 点三个整数关口。这时候股民还没太当回事。等到 6 月 25 日，指数再次大跌，出现百股跌停，大家才慌了。央行在 6 月 27 日及时做出了实施定向降准，存贷款基准利率同时下调 0.25 个百分点的决策，也没能挽救市场一路下跌的局势。

2015 年被股民称为股市的"至暗时刻"，在股灾面前，科大讯飞也未能幸免于难。还在 4 月的时候，刘庆峰因为科大讯飞的高股价被揭露年薪高达 295 万元，领跑安徽省上市企业的高管薪酬榜。不到半年时间，8 月 28 日，科大讯飞的股价跌落至 15.39 元。

一片哀鸿之际，刘庆峰一个月内接连两次出手，于 8 月 28 日、8 月 31 日增持公司股份 111,600 股，以维护公司股价的稳定。他在对外讲话中表示：

> 长线投资一定要看公司的基本面。短线炒股的人不建议购买讯飞的股票，对于长线投资者来说，讯飞绝对是一支难得的好股票。因为我们的每个语音项目都可以做到千亿级别的市场。

这些钱并非天上掉下来，而是他从中国移动和银行借贷来的。为了自己心爱的事业，他愿意押上全部身家，破釜沉舟，"All in"公司的未来。

有了这次出手救市的举动，当 2018 年股市再次低迷的时候，刘庆峰就近乎本能式地再度出手，增持公司股份 551,000 股，坚定市场的信心和对公司价值的认可。

"如果我有更多的钱，我愿意买更多的讯飞股票，我相信讯飞最终一定不会辜负大家的期望！"每一次他都如此激情澎湃地对股民表示。

终于，一切尘埃落定，科大讯飞实现市值千亿，成为中国 AI 第一股。当人们都以为刘庆峰会选择高位变现，结果他再次大举增持，个人筹资追投超 20 亿元，让股民见识到一个对自己企业绝对自信的"疯子"企业家。

　　2013 年，比尔·盖茨卸任微软董事长一职，进行了一场巡回演讲，当有人问"您对未来 IT 最看好什么？"时，他的回答是"语音技术、触屏和虚拟现实技术，这三大人机交互技术将成为影响人类未来的关键技术。"

　　比尔·盖茨的讲话让世人对人工智能的到来有了憧憬。但是憧憬归憧憬，人们对于人工智能的未来并没有过度的期待。但是，刘庆峰不一样，他坚信人工智能时代必然到来，那些人类曾经不敢想象的东西，一定会随着技术的攻克，而变为现实。

　　在股民不看好科大讯飞的时候，他信誓旦旦地说：

　　　　10 年后，我要让你把机器人女友带回家！

　　　　科大讯飞要让每个家庭都拥有一个机器人仆人！

　　　　我们要用科技解决你的养老问题，让机器人为你送终！

　　　　……

　　刘庆峰的这些"疯言疯语"，接下来正在一一实现。

启示：留住人才是发展的关键

"人是一切的根本。1999 年我们创业到现在 15 年，最核心的 4 个人到现在一个都没走。就算是 2001 年提拔起来的 17 人中高层干部，也只有一个后来觉得不太合适走了，剩下的到现在 13 年，一个都没走。"2015 年在分享创业经验时，刘庆峰自豪地说[1]：

> 关于团队凝聚，我觉得从本质上说，就是建班子、带队伍、定战略，这是柳总说的管理三要素。定班子，是一切的根本，以公司的利益为主。在此基础上，一把手的要素是核心中的核心。很多时候我们说制度的关键是约束一把手。中国做产业最累的地方就是社会诚信体系没有，职业化规范不够。所以说有多大的心胸就有多大的舞台。科技创业，第一，你要能力强，人家才能服你；第二，要有刘备的心胸。至于长期奋斗，我觉得首先要有共同的奋斗目标。当年我们的员工之所以能凝聚起来，就是因为都认为语音前景无限，而我们能成为行业的龙头。第二是要有激励。1999 年创业，我们的团队每个人都有股份，十几年来，从来没有为利益红过一次脸。第三就是我们特别强调激情。到现在每一个新员工来，我们都告诉他，加入讯飞不是因为讯飞完美，而是因为完美的讯飞，将由我们来共同创造。

---

[1] 2015 年在正和岛商学院"组织创新与转型实战"公开课上讲话

通过解决融资难问题及之后刘庆峰的种种做法，我们不难发现，他在避免"Nuance 悲剧"上有自己的一套接地气做法。Nuance 公司最终沦为他人的囊中物，一个根本原因是高级人才不断被大公司挖墙脚，进而导致公司业务拓展有限、营收增长乏力。

科大讯飞之所以能实现第二次重大转型，从语音识别切入到人工智能，是因为刘庆峰有一群不离不弃的好伙伴。而这些好伙伴之所以愿意跟着他二次创业，是因为刘庆峰舍得分名分利分权。

（一）舍得散财

刘庆峰深知"财散人聚，人聚财聚"的道理。2008 年上市当天，他就对团队承诺："讯飞要在 10 年内，打造 100 个千万富翁！"为此，科大讯飞将 30% 期权给了 400 多个员工，刘庆峰个人没有拿一厘。对于高层人员，科大讯飞先后进行过 5 次股权激励，2011 年对管理层股权激励股数占当时公司总股本的 4.35%。

（二）舍得分权

优秀人才往往不愁高薪，不愁好的发展平台，企业要想留住这些人才，怎么办呢？将优秀人才不仅仅列入利益共同体，而且上升为事业共同体。刘庆峰通过团队持股第一的方式，把大家捆绑到一条利益链上；通过独特的"轮值总裁制"，通过"赛马"的方式选出接班人，让大家心悦口服的同时，与核心高层形成了事业共同体。

（三）舍得造血

进入 AI 新赛道，意味着需要更多的资源和更多的人才，仅仅依靠原始团队很难将科大讯飞带到一个新的高度，这时候引入新血液就成了必需。从对杜兰这个巾帼英雄的引进，就可以看到刘庆峰不一样的胸怀。刘庆峰没有企图把科大讯飞"私有化"，相反，为了把事业版图做大，他甘愿不拘一格补充人才。2022 年的资料显示，杜兰女士持有科大讯飞公司股份 605,500 股，是主要股东之一。由此可以看出，空降兵在这里同样能获得一席之地。

第七章

凭实力出圈（2016—2018）

　　因为较早切入 AI 竞争，科大讯飞凭借先发优势和过硬的技术实力，频频走红：因为智能机器人和翻译机，被国家领导高度认可；因为识别率极高的讯飞输入法，被"网红"罗永浩带火整个企业。科大讯飞走红之后，被国家认定为和 BAT 同级别的智能研发企业，这让科大讯飞的股票一冲千丈，一度突破千亿市值。刘庆峰由此迎来创业以来的第二次高光时刻。

被官方认可的网红企业

　　2016 年 4 月，中央领导来到科大讯飞展台，观看了语音合成、多语种翻译、听见实时语音听写、智能教学、阅卷评分系统以及银行服务机器人等技术成果展。领导人此举，让科大讯飞第一次意外走红。

　　2016 年 4 月 26 日，科大讯飞人集体迎来了人生的高光时刻。这一天，中央领导来到科大讯飞，现场为他们"点赞"。

　　"热烈欢迎中央领导莅临科大讯飞视察指导，中国智能语音和人工智能产业蓬勃发展，走到了世界最前列，请您检阅！"中央领导在安徽创新展的第一站就是科大讯飞，当他刚刚走进讯飞展区的时候，央视主持人"康辉"和"李瑞英"在巨大的电视屏幕上冲着他打招呼。因为模拟过于仿真，中央领导反应了一下，才发现不是真的康辉和李瑞英。

　　"你们的技术实在是太厉害了！"中央领导忍不住夸奖。

　　接下来在刘庆峰等人的陪同下，中央领导观看了语音合成、多语种翻译、听见实时语音听写、智能教学、阅卷评分系统以及银行服务机器人等技术成果展示。观看过程中中央领导饶有兴趣地多次提问，频频赞许，对讯飞技术和应用前景给予了高度评价。

　　刘庆峰等人刚给中央领导介绍完："灵犀语音助手，不仅可以实现语音翻译、快递查询、订车票、订酒店、查美食等功能，还能识别国内 20 多个方言语种；讯飞听见，在全球首次实现发布会上字音同步转写，已为 300 余场会议提供实时转写和字幕直播服务。智能车载，使用者仅仅通过语音，就可以在复杂的行驶环境中轻松获取导航、语音通信等功能……"

这时，一个大约一米高的圆头圆脑的机器人说话了："您好，我是小曼！我们早就期盼您的到来了，我也很高兴能加入到实现中华民族伟大复兴的进程中来。"

中央领导忍不住笑了。"小曼"是科大讯飞自主研发的智能机器人，也是全球首台全程语音交互的服务机器人，"她"具有语音唤醒、声源定位、人脸识别、降噪处理、自动避障、精准定位及室内导航等功能，能在嘈杂的环境里通过语音进行自然交互。"小曼"还可以替代医院的导医，根据患者病情，提供咨询、挂号等服务。

"小曼"刚停，另外一个机器人佳佳又说话了："见到您真开心。佳佳祝您天天开心。""佳佳"颜值很高，是将中科大五位校花的面部特征提取融合而成。闭月羞花的她具备面部微表情、口型及躯体动作匹配、视觉感知、上下文理解、大范围动态环境自主定位导航等功能。"佳佳"的眼睛可以自然转动，说话时的发音和嘴型也能对得上，真的可以用"真假难辨"来形容。因为太过逼真，"佳佳"的开发者陈小平还被《Nature》做过专刊报道。

科大讯飞的语音合成技术和机器人仿真技术，着实震惊了国家领导人。中央领导在参观完之后，由衷地表示："新兴产业发展令人瞩目，希望你们的事业蒸蒸日上！"他还对科技人员说，合肥这个地方是"养人"的，培养出了这么多优秀人才，是创新的天地。希望大家再接再厉、更上一层楼。

在中科大实地考察时，中央领导强调："创新居于五大新发展理念之首。我国经济发展进入新常态，必须用新动能推动新发展。要依靠创新，不断增加创新含量，把我国产业提升到中高端。我国的经济体量到了现在这个块头，科技创新完全依赖国外是不可持续的。我们毫不动摇坚持开放战略，但必须在开放中推进自主创新。"

中央领导的这番话，让刘庆峰禁不住想起了创业初心：振兴民族语音产业，让世界听到我们的声音。

中央领导的来访以及对科大讯飞的肯定，让科大讯飞人倍感振奋。刘庆峰当场表示："我们绝对不会辜负党和政府的期待！未来，科大讯飞将以语音和语言为入口，努力打造中国人工智能国家队。"

5个月后，中央领导在二十国集团工商峰会（B20）杭州开幕式上发表重要讲话，讲话中专门提到人工智能，称人工智能是人类最伟大的梦想之一，将是未来30年对人类经济发展影响最大的技术革命，也将对人类社会生活产生深刻的革命。

中央领导的来访"点赞"以及在B20开幕式上的"再点赞"，让科大讯飞从行业隐形冠军迅速成了备受关注的网红企业。有了中央领导的肯定，科大讯飞成为中国人工智能企业的第一代表。一时间，购买讯飞股票的人增多了，讯飞的行情再度提升。

2016年，是刘庆峰创业以来最开心的一年。在欣喜之余，他也感到了"使命重大、重任在肩"。正如中央领导所强调的，人工智能是强技术领域，必须坚持源头技术创新才能取得全球话语权。中央领导参观科大讯飞以后，专门提到：关键源头核心技术，不可能依靠别人。刘庆峰牢记于心，并迅速制定了新的发展战略：源头创新，占领技术高地。他在后面的讲话中经常提到：

在今天这个时代，我们比以往任何时候都需要源头技术创新，否则我们所有的创新，比如应用创新、模式创新等，都将是在别人的院子里建大楼。

锤子手机带出的"网红输入法"

2016 年 10 月，锤子科技创始人罗永浩在发布会上演示了内置的讯飞输入法在语音输入和文字转换方面的情况，由于高度准确的实时转写，让讯飞输入法意外走红，一度在 iOS 下载榜单冲至第一名，用户数突破 4 亿，坊间称之为"网红输入法"，刘庆峰跟着成为关注焦点。这是科大讯飞彻底爆红，成为国民品牌的一个关键。

2016 年 10 月 18 日，科大讯飞人又迎来了一次高光时刻。比起习近平总书记的造访，这次的"走红"更是出乎大家的意料。

这天晚上，"资深网红"罗永浩在锤子 M1 发布会上，出人意料地对讯飞输入法展开了接近 20 分钟的大篇幅演讲。现场，罗永浩用极快的语速随口说了一长串内容，几乎话音刚落，讯飞输入法瞬间就在 M1 手机屏幕"打"出了文字，识别结果一字不差。

现场观众有不少业界大佬，大家忍不住发出了欢呼和掌声，并且持续了 23 秒，直到罗永浩开始继续演讲才停下来。"毒舌"罗永浩似乎对科大讯飞情有独钟，言语间难掩喜爱之情："科大讯飞语音引擎的识别率达到 97% 以上，语音识别基本解决了移动设备的语言输入，但他们不像我们这样会忽悠。"

锤子 M1 手机发布会结束之后，M1 系列手机并未成功突围，然而，讯飞输入法却火得一塌糊涂。在会后的几天，讯飞输入法成功登顶 App Store 免费榜。

虽然是锤子科技的发布会，但赢得掌声的却是讯飞输入法，这一点是罗永浩和刘庆峰都万万没有想到的。

有人讥笑说："罗永浩可能不是一个好的产品经理，但一定是一个好的销售！"

也有人夸道："在自己团队精心准备的新品发布会上卖力夸别人的产品，这种事情也只有罗永浩干得出来！"

更有人恶意揣测："是科大讯飞花大钱请罗永浩带货吧？"

有权威媒体为此找到了刘庆峰的秘书江涛，江涛明确表示："科大讯飞和罗永浩此次的合作并不涉及商业广告性质的合作。如果说是掏钱打广告的话，老罗绝对不会说得这么卖力，他完全就是情怀上的认同。"

持怀疑态度的人继续神扒，企图从资本层面找出"证据"。结果是徒劳的，因为刘庆峰和科大讯飞，并没有直接或间接持股锤子科技。

于是，人们终于接受了"情怀说"。事实上，罗永浩后来的言行，也证明了他确实是一个"情怀企业家"。那么，罗永浩为什么这么卖力宣传讯飞输入法呢？原因至少有二：

其一是科大讯飞的"工匠精神"。

科大讯飞向锤子提供定制的输入法和语音技术支持，以及后面为高德地图"罗永浩严肃导航"提供的语音合成技术，都让罗永浩异常满意。自从做手机之后，罗永浩越来越欣赏自主研发的企业，在对科大讯飞深入了解之后，罗永浩更是肃然起敬。

就拿讯飞输入法来说，罗永浩接触它的时候，科大讯飞至少迭代了五次。2010 年，讯飞输入法 1.0 版本将隐马尔可夫模型成功应用于语音识别系统中，让输入效率提升了 3 倍，但当时深度学习技术还方兴未艾，人工智能还处于第二次浪潮后的静默期。这款超前输入法并没有引起"轩然大波"。但是，科大讯飞的研发团队并没有因此放弃研究。

2011 年，讯飞语音输入法团队遇到了一个难题，中国有太多人说的是方言，如果无法准确进行方言的识别，语音输入终将沦为鸡肋。一番用户调查和数据分析后，讯飞输入法选择从需求排名最高的粤语、四川话和河南话入手。

2012 年，讯飞语音输入法上线了粤语语音输入，成为首款支持粤语语音输入的输入法，紧接着上线了四川话和河南话的语音输入。讯飞语音输入法率先将深度神经网络 DNN 技术应用于语音识别，引起了搜狗输入法和百度输入法的高度警惕后，两者先后推出了语音输入，语音输入逐渐衍生成为新的流派。讯飞、百度、搜狗占据了 96.1% 的市场份额，第三方输入法将客场变成了主场。

2013 年，因为对用户输入习惯的洞察，讯飞语音输入法率先上线了英文语音输入，这一年讯飞语音输入法的用户量破亿。

2014 年，讯飞语音输入法正式更名为讯飞输入法。2015 年，讯飞输入法在语音输入的基础上首创了语音翻译功能 "随声译"，支持英日韩俄等多种外语的面对面翻译，输入法进化成一种人际沟通工具。

讯飞输入法靠自己的硬实力，才赢得了广大用户，包括罗永浩这样的圈内人士的认可。讯飞输入法用户数从 0 到 4 亿突破的背后，是"产品为王"的理念以及对"工匠精神"的追求。

讯飞输入法始终从产品广度和深度两方面入手提升用户体验，始终从挖掘用户需求出发，精益求精地去创新，并且始终走在最前沿。如同刘庆峰所言：

> 我们永远是往前多走一步，持续探索。

其二是刘庆峰的"创业情怀"。

众所周知，罗永浩是一个极其讲究情怀的创业家，当不少创业者对他误解很大的时候，他说，"彪悍的人生不需要解释。"所谓英雄相惜，当这样的罗永浩遇到同样讲情怀的低调企业家刘庆峰时，内在的吸引力自然而然就产生了。

讯飞的准确率完爆 Siri，但为什么知道 Siri 的人远比知道讯飞的人多呢？就是因为讯飞缺少一个像乔布斯和"雷布斯"这样的人，技术过硬的好产品却得不到好的推广，这是很多中国科技公司存在的问题。讯飞输入法一直都太低调了，以至于很多厂商内置了这一神器，却无人给他做个正面的介绍。罗永浩愿意利用自己的网络影响力，义务为其宣传一把。表面上是对讯飞输入法的欣赏，内心深处是对同为创业家的刘庆峰的由衷致敬。

罗永浩的自嘲与热捧，让科大讯飞"一夜爆红"。就在锤子 M1 发布会的次日，科大讯飞股价上涨 2.09% 至 29.75 元 / 股，其在雪球网和股吧页面也被罗永浩此次发布会"刷屏"。可以说，普罗大众对科大讯飞的了解大部分是因为罗永浩。对于罗永浩的捧场，刘庆峰在感恩之余，立即"趁热打铁"举办了一场发布会。

"以假乱真"的奥巴马语音合成视频

刘庆峰一直信奉"务实的科技主义"，他不甘心中国只在理论创新上领跑世界，更强调"应用是硬道理"，将领先技术转化成大众切实可感受的产品，才算真正发挥技术的价值。2016 年，科大讯飞做了一个美国前总统奥巴马的语音合成视频，很多美国人都以为是奥巴马本人在讲话。爆款视频让科大讯飞又一次走红。

2016 年 11 月 23 日，趁着罗永浩带来的热度，科大讯飞在北京国家会议中心召开了一次声势浩大的"人工智能＋共创新世界"年度发布会。因为罗永浩的捧场，原本预定 2000 人的会议临时增加到 3000 人。

相比 BAT 们"3 天一大会、2 天一小会"，科大讯飞的"首秀"吊足了各路媒体、券商分析师以及粉丝们的胃口，大家争相前往，导致发布会当天严重拥堵。

很多人在排完长队签完到后，尴尬地发现：会场已经进不去了。挤进去的人则在社交媒体感叹："今天进这场发布会和春运买票一样，人实在是太多了，自己已经被挤成相片！"[1] 没有挤进去的人围在会议室门口，等待着有人出来自己进去补上空位。还有一些人索性转

---

[1]《连记者都没挤进去的科大讯飞发布会，到底说了啥？》，中新经纬，2016 年 11 月 24 日

战到展台旁，"调戏"起了科大讯飞的机器人。

因为难得召开一次这么盛大的发布会，科大讯飞的会议时间格外长，长达 4 小时之久。在开场的前 40 分钟，刘庆峰如数家珍一般，把科大讯飞这些年获得的十几个"第一"，铿锵有力地讲了出来。这是刘庆峰第一次面对这么多人演讲，但是他毫不怯场，言辞和气势都拿捏得很到位，让现场的人感受到了一个不一样的技术型企业家的魅力。在一般人的刻板印象里，技术派企业家是口拙、闷骚的代名词，但当他们看了刘庆峰的演讲之后，颠覆了这一认知。

刘庆峰审时度势，抓住机会，在这次发布会上"口出狂言"，让媒体和大众从此深深记住了他。在回顾过去 60 年人工智能发展历程之后，刘庆峰断定，随着万物互联时代的到来，以语音为主、键盘触摸为辅的人机交互正逐渐成为刚需，人工智能产业迎来第三次发展浪潮。未来 5 到 10 年，这一产业将深刻影响人类社会发展。他甚至预测：

> 30 年内，中国 77% 的工作岗位，将由人工智能的机器来取代！但我想说的是，人工智能时代，不是人和人工智能的竞争，未来比人类更强大的不是 AI，而是掌控 AI 的人类。

刘庆峰这一大胆预言，并非信口开河。早在 2016 年《科学》杂志就预测，到 2045 年，全球将有 50% 的工作岗位由人工智能机器来替代。刘庆峰结合科大讯飞在教育、公共安全领域、智能治疗、智能汽车等领域的实践，推测中国到 2045 年会达到 77%。他断定，人工智能 + 的时代正在到来，这是不可逆转的最大国际趋势。

一向低调的科大讯飞，这次诚意满满地发布了 7 大新品。除了罗永浩带火的讯飞输入法之外，科大讯飞还展示了晓译翻译机、"讯飞听见"、"配音阁"、汽车智能车载系统飞鱼助理、智能客服机器人、智能家居超脑魔盒、智慧教育等技术产品。其中，"讯飞听见"和"配音阁"成了亮点。

"讯飞听见"是众多媒体记者最感兴趣的"黑科技"新品之一。因为对于记者而言，工作中一大半时间都用来整理录音了，"讯飞听见"无疑是给媒体从业者的最大福利。当然，除了媒体，"讯飞听见"还给政企、司法、速记等用户提供了看得见的语音转文字解决方案。"讯飞听见"可以实现语音实时转化成文字，速度和准确率远超人工速记，现场识别正确率达到 98%。这个正确率是连谷歌都难以实现的。谷歌一直在引领人工智能的技术方向，但在准确率这方面却在追着科大讯飞跑。

一位参会者在朋友圈里实时分享："听到识别的准确率达到98%，全世界的速记员、同传翻译一定压力山大……"

而新产品"配音阁"带来的现场爆炸效果更是惊人。"配音阁"从语音库中，为个体"定制"出想要的声色，语音、语调几乎"以假乱真"。

发布会上，一段视频吸引了不少人的眼球：视频中，美国时任总统奥巴马用一段流利的中文预祝科大讯飞公司的发布会取得成功。

有网友在线观看后，忍不住发布微博称："奥巴马的中文居然也说得这么溜，退休后可以来中国发展了！"

发布会邀请到了周鸿祎、余承东和罗永浩三位大咖。周鸿祎在圈内是出了名的"红衣大炮"，被他怼过的企业不计其数，但他对科大讯飞却很看好。余承东为了来参加科大讯飞的发布会，推掉了华为集团财年预算会议，他不仅出席了会议，而且发表了演讲，演讲结束后也没有像其他嘉宾一样立马走人，而是坐在第一排，一直等到发布会结束，可谓给足了刘庆峰面子。作为回报，刘庆峰临时取消了原本计划的接受媒体采访环节，和余承东来了一场促膝长谈。

发布会最引人瞩目的当数嘉宾罗永浩。罗永浩入场的时候，就引发了全场轰动。发布会进行到 2 小时的时候，科大讯飞展示了用机器模拟罗永浩的声音说了一段话，现场再次轰动起来。"让罗永浩时刻为你服务，每天晚上睡觉前听一段罗永浩自带幽默感的朗读……"当介绍到这里，镜头配合地捕捉到罗永浩，此时的他正挂着 44 岁男人特有的迷人微笑，抿着嘴，硬绷着没有露出牙齿，满是羞涩和矜持。

就在发布会召开的前几天，罗永浩突然"空降"科大讯飞总部，找到科大讯飞，商谈锤子手机与科大讯飞的更深层次合作。对于罗永浩带火讯飞输入法的"义举"，刘庆峰当然很感恩，但是既然他"自投罗网"，科大讯飞也没有客气，趁机采集了罗永浩的语料，于是有了发布会上的"山寨罗永浩"。

在科大讯飞的声音库中，不仅有罗永浩和奥巴马，还有林志玲、郭德纲、TFBOYS以及周星驰等明星的模拟声音。"讯飞快听能够支持多种可选音色去随时随地朗读任何文章，解放双眼。"当时的轮值总裁胡郁表示，"未来，我们甚至可以提炼自己的声音，并且让这个声音给孩子讲故事，给父母朗读报纸等。"

锤子M1手机发布会让讯飞输入法一夜变红，而科大讯飞自己举办的年度发布会，则让"以假乱真"的语音合成技术，成为接下来的舆论焦点。"以假乱真"的奥巴马语音合成视频，因为在网络上过于热门，一度红到了国外。很多美国人看了视频之后，也都以为是奥巴马本人在讲话。

更为神奇的是，因为这款视频，刘庆峰还见到了奥巴马本人。在2017年举办的未来教育大会（Global Education Summit）上，两个人实现了面对面交流，刘庆峰专门为奥巴马准备了一个神秘的见面礼——科大讯飞晓译翻译机，并亲自为奥巴马演示，刘庆峰说："欢迎再次来到中国，人工智能正在改变世界。"翻译机进行了准确的翻译，并用地道的美式英语朗读出来。看到这个神奇的礼物，奥巴马十分开心，连称"这个太棒了！"

接着，刘庆峰为奥巴马演示了风靡全网的"奥巴马演讲视频"，奥巴马本人看到目瞪口呆。奥巴马回国后，大讲特讲人工智能的重要性，他提到的唯一一家中国企业，就是科大讯飞。

鉴于真人模拟技术引发的轰动效应，自2017年11月13日起，"配音阁"正式更名为"讯飞配音"，产品特性随之强势升级，成为科大讯飞AI应用矩阵中的重要成员。

千亿市值吸引到私募大佬

2017 年 11 月，在 A 股一片萧条时，科大讯飞市值突破 1000 亿元。在科大讯飞的大股东中出现了牛散葛卫东的名字。这代表着越来越多的长期投资者对科大讯飞战略和落地执行能力的认可。

2016 年 10 月，美国白宫发布人工智能国家战略。2017 年 7 月，中国发布《新一代人工智能发展规划》，人工智能也成为中国的国家战略。

国家明文规定分三步走：

第一步，到 2020 年人工智能总体技术和应用与世界先进水平同步，人工智能产业成为新的重要经济增长点，人工智能技术应用成为改善民生的新途径，有力支撑进入创新型国家行列和实现全面建成小康社会的奋斗目标。

第二步，到 2025 年人工智能基础理论实现重大突破，部分技术与应用达到世界领先水平，人工智能成为带动我国产业升级和经济转型的主要动力，智能社会建设取得积极进展。

第三步，到 2030 年人工智能理论、技术与应用总体达到世界领先水平，成为世界主要人工智能创新中心，智能经济、智能社会取得明显成效，为跻身创新型国家前列和经济强国奠定重要基础。

关于如何实现战略目标，也有明文规定，其中一条重要部署：统筹布局人工智能创新平台。

于是，2017 年 11 月 15 日，作为执行部门之一的国家科技部，召开了新一代人工智能发展规划暨重大科技项目启动会，并宣布了四大国家级人工智能创新平台：

依托百度公司——建设自动驾驶国家新一代人工智能开放创新平台；

依托阿里云公司——建设城市大脑国家新一代人工智能开放创新平台；

依托腾讯公司——建设医疗影像国家新一代人工智能开放创新平台；

依托科大讯飞公司——建设智能语音国家新一代人工智能开放创新平台。

四大人工智能平台中，科大讯飞榜上有名，这意味着科大讯飞开始与 BAT 共同分享市场蛋糕了！有人把科大讯飞与 BAT 三家一起共称为"BATI"人工智能国家队。

此消息公布之后，科大讯飞的股票开始大涨，11 月一度突破千亿市值。事实上，整个 2017 年，作为人工智能龙头，科大讯飞的股价一路飙升，1 月 3 日开盘价 27.20 元每股，8 月 28 日涨至 64.77 元每股，涨幅高达 138.13%，可谓涨幅惊人[1]。

2017 年 11 月 22 日，在 A 股一片萧条时，科大讯飞攀升至 3 年内的最高点，达到了每股 74.76 元的高位，市值 1000 亿元。刘庆峰在股东大会中自信满满地表示：

---

[1]《十年财报看透科大讯飞，市值飙升 25 倍凭什么被唱衰？》，智东西，2017 年 12 月 26 日

讯飞的目标绝不是一个市值一千亿的简单优秀公司，而要做一个伟大公司。无论是教育、医疗、政法、翻译等任何方向都应该支撑起单独上千亿市值的公司。

科大讯飞的股市表现，吸引到了一个"牛散"大佬——葛卫东。在 2017 年四季度，葛卫东大举建仓，持股数量高达 2358.1 万股。

说起葛卫东，不少投资者的第一印象是期货大佬、杀伐果断的狠角色。葛卫东从 2000 年开始做期货，两次爆仓，2004 年迅速崛起，在 2017 年、2019 年发布的"胡润富豪榜"中均有名[1]。

葛卫东通过期货市场发家成名，任上海混沌投资有限公司董事长。葛卫东操作手法凶猛，业绩优秀，江湖尊号"葛老大"，血雨腥风十几载，自称"没有对手"。2008 年，在别人纷纷预测上证指数还要跌到 1500 点，甚至 1200 点的时候，葛卫东在跌破 2200 点时就开始介入，2000 点至 1800 点时已经满仓。介入的行业，主要是新能源和金融，并在上升至 2600 点以后，将新能源了结，转而加仓于黄金、房地产，出色的择时、择股能力，造就了产品高收益。

在葛卫东看来，投资需要有狮子一样的个性，善于忍耐，学会等待，不动则已，一击必中。2017 年，期货大佬葛卫东转战 A 股后，开始将目标瞄准了科大讯飞。从 2017 年 10 月到 12 月，葛卫东和妻子王萍通过二级市场大量吸纳讯飞公司股票，截至当年末，持股数量高达 2975.01 万股。

2017 年年底的科大讯飞前十大股东，葛卫东和王萍的名字位列其

---

[1] "胡润百富榜 2017"，葛卫东以 150 亿身价荣登胡润财富榜 216 名；"2019 年胡润百富榜"，葛卫东以 130 亿身价与曹德旺、陈峰、陈大年、陈国祥、陈凯旋、李非列家族、李力、唐金奎、朱玉琴夫妇、王瀚、王均金家族、王俊民、申萍夫妇、王树生、叶成、许树根、周永利、张胜飞等人并列第 291 位

中。2018年股市再度震荡，在大家唱衰科大讯飞的时候，葛卫东多次加码增持，用实力表明自己对科大讯飞的长期看好。业界人士称，葛卫东旨在通过长期投资科大讯飞，打造他的下一个成功经典。2021年，葛卫东与其妻子王萍的持股份额合计达到了4.39%，超越王仁华教授，仅次于刘庆峰（持股比例为4.4%）。

葛卫东的大举建仓，对于科大讯飞来说，无疑是利好消息。借助他在股市的影响力，越来越多的散户开始投资科大讯飞，并学着葛卫东长期持有。

在科大讯飞股友群里，有人这样说："作为长期跟踪并持有科大讯飞的股民，迄今为止我对科大讯飞的发展和表现非常满意！我对科大讯飞唯一的意见就是，希望科大讯飞的管理层要有足够的定力和专注力，抓住人工智能爆发的历史机遇，尽快把技术转化为市场，要志存高远，不要只想赚钱，更不要被股民的情绪所左右，不要被小散的口水所绑架，不要在意二级市场的波动，坚定地按照自己的战略做好自己的事情。"

过去，一直是刘庆峰到处"抱资本的大腿"，现在，随着越来越多的散户投资科大讯飞，刘庆峰感到前所未有的踏实。看到价值投资者这么看好科大讯飞，刘庆峰内心升起了一种被理解的幸福感。

在遥远的大西洋彼岸，科大讯飞的同行亚马逊，因为杰夫·贝佐斯的蓝色梦想，接连损近20年，估值却高达4800亿美元；还有埃隆·马斯克，频频翻车，但人们却愿意为他的伟大梦想埋单。但是，在中国，人们为拥有伟大梦想的企业的定义是"爱吹牛的企业"。他们渴望见证奇迹，却又不愿意为奇迹的诞生花点耐心。这就是科大讯飞和刘庆峰长期遭受冷嘲热讽的根源所在。所幸，越来越多的价值投资者开始认可他的战略了。这比千亿市值更让他骄傲。

回应质疑："坚持不造假、不搞房地产"

在科大讯飞成为"AI 网红"之后，质疑声也来了。其一，有教授说科大讯飞全靠政府补贴，风险很大。刘庆峰出面澄清，上市 10 年间共获得政府补贴十几亿元，占花出去钱的比例不到 5%。其二，科大讯飞在 2018 年扩建了一个研发基地，被质疑"做房地产"圈钱。刘庆峰正面回应：科大讯飞始终坚持主业，在自己的核心赛道上前进，从不做房地产。质疑从侧面验证了科大讯飞的"实红"。

人红是非多，企业也不例外。

2018 年 7 月 1 日，在国际权威英文语音合成比赛"Blizzard Challenge"中，科大讯飞再次蝉联世界第一，仍然是语音合成自然度指标全球唯一超过真人说话水平的公司；9 月 7 日，国际权威英文语音识别大赛"CHiME-5"中，科大讯飞包揽全部项目的第一名。

鉴于科大讯飞智能语音技术在国际大赛中的杰出表现，科大讯飞受到了"2018 创新与新兴产业发展国际会议"的主办方邀请，为大会提供技术。主办方名单让任何民营企业看了都很激动：中国工程院与上海市人民政府、工业和信息化部为牵头单位，国家发展和改革委员会、科学技术部、商务部、中国科学院、中国国际贸易促进委员会、联合国工业发展组织等为共同主办单位。

被这样的权威部门邀请，本身就是一种极大的肯定。没有想到，一场"意外之灾"发生了。

2018 年 9 月 21 日，某知识问答平台上一则"科大讯飞同传造假"的讨论帖子，把科大讯飞推到了风口浪尖。一位自称是同声传译翻译员的网友表示，科大讯飞在"2018 创新与新兴产业发展国际会议"上所使用的"智能翻译"系统造假。其显示的中文翻译，并不是根据其传感器采集的声音文件所呼应的，而是后台两位同传译员临场实时翻译后，再由机器读出来的。随后，有关科大讯飞 AI 同声传译造假的跟风报道在网络上迅速传播。

"危机公关，越快越好！"

对此，刘庆峰在当晚八点火速召开媒体沟通会，第一时间澄清：科大讯飞不存在以他人翻译成果冒充 AI 同声传译的行为。不实言论是因为同声传译翻译员的误会所致。

在随后澄清公告中，科大讯飞明确表示：

科大讯飞提供两种翻译方案：一是全自动机器翻译，例如，今年 9 月 17 日上海举办的 2018 世界人工智能大会上午主论坛上，现场 12 位嘉宾中，就有 9 位嘉宾的发言采取了全自动机器翻译，现场全自动翻译并同步展示在屏幕上，没有任何人工同传参与。二是人机耦合翻译助手。可以由机器向同传翻译者提供语音识别和机器翻译的结果，辅助同传并降低其工作强度；也可以由机器转写演讲者语音和同传译员的译语，并把两种文字都显示在屏幕上，以方便没有同传耳机设备的人看到屏幕上的中英文会议内容，也可以在直播中提供中英文字幕。

2018 年 9 月 19 日至 20 日在上海召开的"2018 创新与新兴产业发展国际会议"，科大讯飞根据会议举办方的要求，为该次会议提供的是第二种语音服务，并不涉及机器自动翻译服务，现场产品服务 logo 也显示为"讯飞听见"。也就是说，这次会议科大讯飞提供的是语音识别技术，并非智能翻译技术。所以，科大讯飞不存在以他人翻译成果冒充 AI 同声传译的行为。

对这次会议"讯飞听见"系统的使用和展示方式，举办方会前已两次对会务公司及翻译公司提前做了说明，并要求翻译公司提前告知同传译员。该质疑者在了解详细情况和相关证据后，也发文表示，"这一点上，我后来倒确实听相关方说，跟我确定会议相对晚，据说其他译员老师被通知了，可能是因为我确定晚，漏了我一个，确实是情绪有些激动，比较不好意思"。

轰轰烈烈的"口诛笔伐"，最终被证明为一场误会。然而，误会造成的影响却是灾难级的：顶着"人工智能"光环的科大讯飞，受"造假风波"影响，股价加速下跌，由 2017 年的最高价 49.75 元 / 股跌到 30.1 元 / 股，跌幅达 65.3%，市值缩水 410 亿元。

有人说，这次"造假风波"是科大讯飞长期以来积累的"民怨"的一次爆发，科大讯飞顶着"人工智能第一股"光环，民众对它在 AI 技术上的期望值很高，拿翻译来说，他们期望的当然是全自动智能翻译。当科大讯飞的表现不符合他们的高期待之后，失望和怨恨就产生了。

对此，刘庆峰呼吁各界：

> 对技术发展要保持实事求是的态度，不要对还在发展中的新技术过度神化，以免对大众造成错误引导，从而不利于产业生态持续健康发展[1]。

这次突如其来的危机事件，让刘庆峰几天没能睡着觉：

> 舆论攻击的威力实在太大了！如果不是会场铁证如山，我们 20 年的努力很可能毁于一旦！

---

[1] 语出科大讯飞官方微信文章《科大讯飞：拒绝神化 人工智能技术需踏实前行》

一个网民的一句不实言论，居然可以把企业"拉下马"！刘庆峰越想越后怕，他在心里默默祈祷：求求老天保佑科大讯飞，这样的事情再也不要发生了……

然而，正如俗话所言：祸不单行。

2018年10月15日，科大讯飞正在加大AI布局、努力拓宽赛道之际，再次面临飞来横祸：一则"央视曝科大讯飞以'AI'为名拿地盖别墅"的消息在各大投资群流传。很快，科大讯飞股价跌至22.56元/股，跌幅达2.38%。

根据媒体报道，科大讯飞非法侵占安徽扬子鳄国家级自然保护区，打着高科技的招牌换取地方政府园区类土地，以建设培训基地为名开发房地产，企图通过土地储备买卖地皮套现。好事者看热闹不嫌事大，整理出一份翔实的名单，称科大讯飞所谓的高科技项目子公司或者分公司，拿下项目后就关掉或者撤掉，并未开展后续工作。而地方政府白白付出了土地和资源，却并未获得产业开发的机遇，更无从谈起任何科技研发成果。好事者甚至扣下大帽子：科大讯飞这种"空手套白狼"的做法，与当年的乐视如出一辙。当时乐视老板贾跃亭躲在美国，全民喊打。好事者将这顶帽子扣下来，科大讯飞遭受的舆论暴击可想而知。

对此，刘庆峰感到极其冤枉：科大讯飞从来没有想过要做房地产，当年房地产最好介入的时期，他顶着创业失败的压力，都不曾进军房地产，现在终于等来了最好的发展时机，又怎么会考虑去做自己最不擅长的房地产呢？

所谓"科大讯飞进军房地产"实属子虚乌有。媒体曝光的科大讯飞位于安徽泾县经济开发区的培训基地，是泾县经济开发区内的IT产业研发中心，并非地产项目，更非别墅。

对于位于扬子鳄自然保护区，科大讯飞之前并不知情，刘庆峰也从报道得知该中心位于扬子鳄国家级自然保护区。当时立项环评报告书中明确写着，"经现场踏勘，本项目位于泾县经济开发区。周围环境质量较好，评价范围无特殊保护物种、名胜古迹和自然保护区等。"知晓后，刘庆峰立刻下令停止该中心运营，全面配合地方党委政府整改工作。

这个项目到底是怎么回事呢？刘庆峰做了一下解释：

> 2008 年上市之后，我的老家泾县找到我们，问能不能为家乡做点事，后来我们认为可以建一个研发基地，就像华为也有封闭式的开发基地，在山清水秀的地方，研发效率也会提高。研发基地用于科大讯飞员工的住宿、培训、开会，加上科研楼总共只有 60 亩，并且签合同时我主动加了一个条款，就是 10 年内我们都不对外转让。我一直跟团队说，企业可以合理捐赠，个人可以做更多，但是绝不挣钱，这是我们的基本逻辑。

作为"泾县红人"，家乡的政府领导多次抛来橄榄枝，刘庆峰只好在泾县经济开发区开设分公司，本是回报家乡、帮助落后地区招商引资、提振家乡经济之举，没有想到招来了如此沉重的骂名。媒体的误解，尤其还是权威媒体，这让刘庆峰实在费解。

事实上，除了老家泾县之外，很多地方政府向科大讯飞发出过入驻邀请。科大讯飞在各地成立分公司的原则是不拿地，以避免形成过重的资产；过去仅在天津（2014 年，30 亩）和广州（2016 年，面积 6.78 亩）取得了土地，是为了满足公司在当地的研发需求，根本没有考虑利用土地进行资产运作。

"不仅科大讯飞没有做房地产，我们的分子公司也从来没做过房地产。"刘庆峰反复强调，"不是说房地产不好，而是我们讯飞要坚持主业，在自己的核心赛道上前进。"

因为这么多年，科大讯飞确实没有做过房地产，所以一些好事的媒体在经过"深扒"之后不了了之，谣言却并没有因此停止。有人武断地说："反正科大讯飞就是一家靠政府在背后不停补贴的企业！"

对此，刘庆峰简直怒不可遏："科大讯飞 2017 年收入 50 多亿元，2018 年增长依然很快，而我们获得的政府补贴才 1 亿多元，只占公司总收入的 2%。上市十年间，我们共获得政府补贴十几亿元，我咨询过相关领域的几个院士，他们都认为这不是太多，是太少。以去年为例，我们获得的政府科研经费和退税各 1 亿多元，去年税后利润将近 4 亿元，如果有人故意恶意解读，就会说讯飞税后利润 4 亿多，政府补贴占到利润的一半。但实际上，按照我们的战略发展，科大讯飞现在就是要多花钱，可以适当亏损，我认为应该看政府补贴在毛利总额和收入总额中所占比例，分别是 4% 和 2%，是很低的。"

接连发生的"造假门""地产门"，让刘庆峰陷入了恐慌。说一家 AI 企业技术造假、不务正业做房地产，在他看来绝对是奇耻大辱！而这些误解和诋毁，很有可能是别有用心者在幕后搞小动作。但是，刘庆峰接下去选择沉默，不去与人恶意竞争。在他看来，辩解是最没有意义的，科大讯飞要做的是，用更好的业绩去让质疑者自动闭嘴。

身边也有人安慰他："一个人遭受的诋毁和误解越大，说明他越红！"

此话令人感到慰藉，但务实的刘庆峰立马做出了理智的决定，为减少公众误解和危机事件的发生，他宣布了三项措施：

第一，明晰科大讯飞的平台和赛道：坚决不做房地产，紧紧围绕人工智能，在教育、医疗、司法等刚需领域做大做深；第二，未来 2C 和 2B 双轮驱动；第三，向华为学习，完善内部考核机制的同时，加强媒体舆情的公关应对机制。

启示：小红靠运气，大红靠实力

面对科大讯飞的接连走红，有人说："还不是走了狗屎运？如果没有国家领导的力捧和老罗的海夸，科大讯飞能有今天吗？"

对此，刘庆峰不屑一顾。他认为一个企业小红靠运气，大红靠实力。如果科大讯飞自身条件不过关，谁又能捧红它呢？

科大讯飞本质上是一个技术创业创新型的公司，讯飞输入法之所以能成为坐拥 4 亿用户的网红输入法，背后是"产品为王"的理念以及对技术创新的追求。讯飞翻译机能够得到国家领导的高度认可，根源在于它在技术上的突破，实现了方言和多国语言的精准翻译。在机器阅读理解领域，过去几年，微软一直是全球第一，2017 年 7 月科大讯飞改写了这个历史。这标志着科大讯飞在国际 AI 技术竞争中有了一席之地。这些过硬的技术和拿得出手的产品，才是老罗主动找科大讯飞合作、国家领导向国际推广科大讯飞的根源。说科大讯飞走红靠运气的人，实则本末倒置。

（一）靠运气红不了

还有人说："科大讯飞千亿市值，盈利能力那么差，还不是靠政府补助活着？"

就连某著名经济学家也公开表示：科大讯飞净利润高度依赖政府补助，存在较高的业绩风险隐患。若公司不再具备相关优惠或补助条件，其利润水平直接受到重挫……进而影响公司的长远健康发展。

对此，科大讯飞予以否认。刘庆峰不止一次表示："科大讯飞绝对不是靠政府养活的。科大讯飞拿到的政府补助不是太多了，而是太少了。"

从"同声传译造假门"到"侵占国家自然保护区"这两大危机事件带来的负面影响，也可以看到，靠政府提携，也是有风险的。为了验证自己离开政府的荫蔽，也可以活很好，接下来刘庆峰给科大讯飞制定了新的战略：走出去，离开扶持，到更广阔的世界去厮杀。

（二）靠扶持走不远

那么，"盛名之下"讯飞靠什么"名副其实"？

刘庆峰的回答是："我们的技术产品要顶天立地，科大讯飞要顶天立地，每个人也要顶天立地。"

聚光灯下，企业的任何缺点和失误都会被放大。有人正面表扬，有人夸张捧杀，有人真诚批评，有人吹毛求疵，还有人带着各种目的抹黑。刘庆峰认为，这是企业成功后的新常态。

面对这些，刘庆峰认为，企业要做的是：用实实在在的技术和数据来告诉社会答案，这才是根本，而不是去打嘴皮仗。

企业家要做的是：一定要坚持，可要可不要的坚决不要，可去可不去的社会活动坚决不去，继续干企业家该干的事情。

第八章

逐鹿全球（2018—2020）

　　在国内夯实"人工智能第一股"地位之后，刘庆峰再次做出重大决定：启动国际化战略，到国际巨头的大本营去争夺市场。进军国外市场，刘庆峰失去了政府扶持，很多人都不看好。对此，刘庆峰信心满满：科大讯飞不需要任何人的特殊照顾，依靠toC智能产品，照样可以在欧美市场打下一片天地。通过"走出去"，刘庆峰又为科大讯飞收获了国际声誉，并用新业绩给股东有所交代。

成为一张"中国名片"

　　2018 年是科大讯飞国际化的元年。这一年，在保加利亚举行的"中国－中东欧国家地方合作成果展"上，国家领导人自掏腰包买下讯飞的翻译机，赠送给保加利亚总理鲍里索夫。科大讯飞成为一张"中国名片"。

　　2018 年 7 月 7 日，科大讯飞与中国铁路总公司、中国民用航空局、华为技术有限公司、武汉华大基因科技有限公司等 17 家企业共同参加中国－中东欧国家地方合作成果展。期间，国家领导人与中东欧国家领导人共同出席了该成果展，在经过科大讯飞展台时，机器人"礼貌地"打招呼："您好！欢迎来到科大讯飞，科大讯飞是一家专门从事智能语音与人工智能技术研究和发展的公司。"

　　机器人引起保加利亚总理鲍里索夫的驻足。我们的领导人非常高兴，拿起了讯飞翻译机 2.0，对着它说："你好，鲍里索夫总理。"[1]

　　讯飞翻译机 2.0 立即翻译成保加利亚语，鲍里索夫总理听到后，竖起了大拇指。

　　我们的领导人突然做了一个让科大讯飞人意想不到的事情，他现

---

[1]《总理自掏腰包购买，会 33 国语言小翻译机成国礼》，中国政府网，2018 年 7 月 8 日

场询问：

"多少钱一台？"

"2999 元。"

科大讯飞工作人员不明所以地回答完，领导人当下自掏腰包买下了一台讯飞翻译机，作为礼物赠予鲍里索夫总理。讯飞翻译机 2.0 支持中文与 33 种语言的互译，鲍里索夫总理接到后非常开心，随后两个人通过讯飞翻译机，边走边交谈。

那位负责接待的工作人员事后在朋友圈懊恼地表示："太紧张，报了原价，忘了给国家领导打个折！"[1]

2018 年 5 月 12 日，科大讯飞在深交所上市已整 10 年。10 年过后，主流趋势已从移动互联网渐渐转移向了人工智能。市场为讯飞上市以来的十年长跑喝彩鼓掌，时代也送来最好的馈赠：讯飞连续 9 年在深交所发布的年度信息披露考核工作中结果为 A；从 3000 家 A 股上市公司中脱颖而出，两次获得"CCTV 中国十佳上市公司称号"；摩根士丹利资本国际公司 (MSCI) 从 2018 年 6 月开始将中国 A 股纳入 MSCI 新兴市场指数，科大讯飞成为第一批入围的标的股。在这样形势利好的背景下，刘庆峰决定：是时候来一次大动作了！

在科大讯飞举办的 2017-2018 年会上，刘庆峰坦言：我们的主题几经考虑，最后选了"不忘初心，踏实前行"。因为只有拥有不可遏制的创业激情和蓬勃向上的发展动力，才能永葆青春。

2018 年最终被他定为科大讯飞国际化战略元年。刘庆峰敢这么决定，是有底气的。按照他的说法，在过去的 2017 年，他们"一不小心"赢了七个世界冠军：

---

[1] 资料来源：科大讯飞微信公众号文章，《昨天，XXX 自掏腰包买了件礼物送给保加利亚总理》，2018 年 7 月 8 日

2017 国际语音合成大赛第一名；

2017 国际语音合成大赛全新无监督 Machine Learning 任务第一名；

2017 年 8 月刷新医学影像领域权威评测 LUNA 世界纪录；

2017 年 10 月刷新机器阅读理解领域权威评测 SQuAD 世界纪录；

讯飞智医助理参加 2017 国家临床执业医师考试评测获得 456 分；

2017 年 10 月刷新自动驾驶领域权威国际评测 Cityscapes 世界纪录；

声音模仿领域 Voice Conversion Challenge2018 获得第一名。

拿着这么多国际技术桂冠，却不能在国际市场投入应用并实现盈利，实在太可惜了！这些技术既然在国内已经投入市场，已经被证明有刚需存在，那么打开国际市场就是顺理成章的事情。客观上说，2018 年中国经济下行期，如果能在国际市场有所作为，对股东也是很好的交代。经过一番思想动员，科大讯飞人被刘庆峰逼向世界各地了。

2018 年，公司在欧美和亚洲全面出击。几乎在进军欧洲市场的同时在也日本布局。

7 月底 8 月初，科大讯飞高级副总裁杜兰博士与亿航、网易等 3 家科技企业的高管随同广州市市长赴日本考察，先后参加了在日本东京举办的"广州市投资环境推介会"和在九州福冈市举办的"福冈—广州经贸交流会"。杜兰表述，未来，科大讯飞在车载智能语音系统、智慧教育、翻译机产品几大领域要在日本进行重点布局。

杜兰在福冈市科学馆做了一小时的演讲。日本最大社交网络 LINE 公司、日本数据管理科技公司 Skydisc 以及福冈 A.I. 联盟的企业家，对中国科技企业发展到这个程度感到很震惊，对讯飞翻译机可以帮助中日顺利交流表示衷心赞叹。日本的 AIBOD 公司（一家 AI 公司）的创始人——村上和彰，对科大讯飞这个同行能够取得今天的地位表示敬佩。

日本是科大讯飞实施国际化战略的重要一站。事实上早在 2016 年，科大讯飞就已经在智慧教育领域布局了。科大讯飞在日本东京注资了一家名叫 SINEWAVE 的语音技术公司，双方在口语阅读评测、口语对话评测、口语问答等方面已经有了深入合作。科大讯飞的产品已经在日本的旺文社、仁川学院投入使用。除了教育领域，科大讯飞在智能车载领域也与多家日系汽车厂商进行了合作，比如日产、丰田、雷克萨斯、本田、马自达等，为这些车商提供智能语音交互系统。

关于如何布局国际市场，刘庆峰定下的战略是：

其一是全球化源头技术的合作和布局。依托科大讯飞认知智能国家实验室和国家智能平台，积极寻求和海外顶尖研究机构合作。比如，科大讯飞已经和麻省理工学院计算机科学和人工智能实验室 (MIT CSAIL) 签订战略合作协议，成立人工智能联盟。

其二是国际业务要从投资开始。科大讯飞拥有全世界最优秀的中文语音技术，而且拥有 80 万的开发者和日均 46 亿次的交互次数，通过投资当地企业可以快速开展业务。

其三是产品的代理和渠道的合作。科大讯飞已在美国硅谷设了办事处进行全面的商务对接。

"春晓行动"为出海准备

国际化战略并非拍脑袋的临时决定。在决定实施国家化战略之前，刘庆峰早就制定了"春晓行动"，疯狂引入"具有全球视野的顶尖科学家"，为走出去做好了人才储备。国际化人才，为科大讯飞出海保驾护航。

占领国际市场，不是光靠决心和情怀就可以的，它需要过硬的技术实力和开疆拓土的人才。为了打赢这场硬仗，刘庆峰早就开始招兵买马。

2016年人工智能已上升为国家战略，2月4日，刘庆峰在公司年会上宣布启动"春晓行动"，面向全球人工智能领域，计划引进10名国际顶尖人才，100名行业领军人才，1000名各类骨干人才。

我们呼唤着更多有科学家精神的企业家和有企业家精神的科学家加入到人工智能的战队，用人工智能建设美好世界！

2017年3月，科大讯飞宣布引入智慧医疗领域尖端人才陶晓东博士，掌舵讯飞智慧医疗事业部发展航向。陶晓东是中科大电子工程系毕业生，后去美国约翰霍普金斯大学攻读博士，是美国电子电气工程师学会（IEEE）高级会员，研究方向为医学影像。陶晓东毕业后曾服务于美国通用电气公司（GE）从事医学影像研究，并在飞利浦医疗放射解决方案担任首席架构师。

陶晓东正是刘庆峰要寻找的"具有全球视野的顶尖科学家"。作为研究医学影像十余年的专家，陶晓东加盟之后，帮助科大讯飞弥补了从影像技术角度解决临床问题的缺憾。在他的带领下，科大讯飞给 AI+ 医疗开辟了新蓝海。通过智能语音交互技术对医院临床业务进行流程再造，减轻医生文书压力，提高医生工作效率；利用智能影像识别技术辅助医生阅片，提高放射科医生的工作效率，降低阅片的漏诊率；通过构建人工智能辅助诊疗系统，深度切入医生工作流程，在医生诊断治疗过程中给予人工智能的指导和建议，从而提升医生特别是基层医生的诊疗服务能力……科大讯飞在 AI+ 医疗领域的卓越表现，被央视报道过 4 次。

在陶晓东加盟的 2017 年年底，科大讯飞与国家医学考试中心（医考中心）签署了战略合作协议，双方宣布成立联合实验室，共同探索人工智能在医学考试领域的应用。医疗新赛道的开辟，让刘庆峰多了一层底气：要知道语音鼻祖 Nuance 的主业务之一就是医疗，现在科大讯飞也可以在这一领域分得一杯羹了。

陶晓东的加盟，开了一个好头。2018 年 4 月，科大讯飞又迎来了一员大将——声学及语音信号处理的顶尖人才马桂林博士。马桂林在丹麦科技大学声学系留学多年，师从已故声学大师芬恩·雅各布森，先后获得声学信号处理和声学电子工程专业的硕士和博士学位。2004-2012 年间，马桂林博士在世界知名的助听器公司丹麦瑞声达总部历任开发部系统架构师、研究部研究员和研究部项目负责人，直接领导 2011-2012 年瑞声达最大的研究项目——双耳信号处理。2012 年年底，马桂林回国发展，先加入杜比实验室，担任杜比中国最高级别研究员，带领杜比北京研究院音频团队，并领导了杜比音频后处理和空间听力算法等多个全球音频研究项目。后加入全球高端音响和信息娱乐解决方案的领导者——哈曼国际。作为哈曼国际时尚及车载事业部中国区唯一的首席工程师，他亲手创建了中国区前沿研究中心，并在音频和语音信号处理算法、人机交互和音频机器学习方面开展了大量的研究和产品化工作。2017 年作为哈曼与微软联合推出的 Harman Kardon Invoke 智能音箱产品的主要负责人之一，他不仅带领团队直接负责产品唤醒、识别和通话的最终性能，而且建立了大陆唯一具有微软 Cortana 语音识别和 Skype 语音通话双重认证水准的实验室。

马桂林加盟后，担任科大讯飞苏州人工智能研究院副院长一职，从事消费类电子音频系统、车载高级音频解决方案以及重点行业应用音频方案的研发。在他的带领下，科大讯飞研发出了音响、耳机等消费类电子产品，并在高端车载音频整体解决方案方面有了新的突破。科大讯飞在汽车领域能与德国戴姆勒、大众合作，汽车导航仪业务能从国内扩大到海外，马桂林功不可没。

2018 年 5 月，科大讯飞正式宣布引入信号与图像处理、计算机视觉的国际顶尖人才李世鹏博士，担任科大讯飞副总裁、讯飞 AI 研究院联席院长。李世鹏是全球信息与图像处理、计算机视觉的国际高尖人才，他加盟科大讯飞的消息很快传遍了媒体和朋友圈。

李世鹏与刘庆峰是中科大少年班的校友，毕业于 83 级中科大少年班。他在中科大上学的时候，和刘庆峰一样，也是学校的"风云人物"，至今保持着一项无人打破的纪录——两次获得郭沫若奖学金。这是学校专门用来激励在校生勇攀科学技术高峰的奖项。

在中科大完成本硕连读之后，李世鹏去美国留学了，在美国宾州里海大学电机系顺利拿到博士学位后，就在美国萨尔诺夫 (Sarnoff) 公司担任多媒体技术实验室研究员。他曾经获得 195 项美国专利，发表过 330 多篇国际论文，还培养出 4 位 MIT TR35 创新奖的获得者。1999 年 5 月，李世鹏回国参与建设微软海外最大的研究院——微软亚洲研究院，尝试做各种技术创新，其中 P2P 传输流媒体就是他发起的。2001 年他带领团队率先成功研发了横跨太平洋的基于可伸缩视频编码的流媒体系统原型，曾研制了第一个高质低成本高清晰电视解码器。

短短几年内，该院就被《MIT 技术评论》誉为全球最火的计算机实验室，这里也成为给中国 IT 界培养领军人才的"黄埔军校"。在中国的科技史上，微软亚洲研究院是绕不过去的存在。微软亚洲研究院早在 1998 年由比尔盖茨钦点在海外设立，在过去的 20 年里，它源源不断地为中国科技界输送人才，李开复、张亚勤、沈向洋、阿里云之父王坚……

在加入科大讯飞之前的 2015-2018 年，李世鹏曾担任硬件供应链资源链接平台硬蛋科技的首席技术官（CTO），创立了硬蛋实验室，主要负责人工智能使能平台——Kepler 系统的研发搭建。

可以说，李世鹏在人工智能领域是一位集理论研究与实践应用于一身的重量级人才。而且，最重要的是，他和刘庆峰一样拥有超凡企图心，一心想干出震惊世界的大事情，两个人可谓相见恨晚。李世鹏在加盟科大讯飞时，公开表示："我们的目标不是中国一流，我们要共同做世界一流的公司。"

李世鹏加盟讯飞的第二个月，就与普林斯顿大学签署合作协议。普林斯顿大学是八所常春藤盟校之一，以重质量、重研究、重理论的传统享誉世界，其应用与计算数学通用领域研究在学术界占据重要地位。此外，普林斯顿大学与附近的普林斯顿高等研究院（IAS）共同构成了世界著名的理论研究中心，对基础数学、理论物理学、经济学等学科的发展影响深远。与之合作，有助于科大讯飞在全球范围内整合源头技术研究和创新资源。

随后，在李世鹏的牵引下，科大讯飞与麻省理工学院计算机科学和人工智能实验室签订战略合作协议，成立人工智能联盟，共同探索人工智能研究的前沿领域和更广阔的应用前景。

在人工智能领域，MIT 是启蒙和开创的代名词。1956 年在美国举行的达特茅斯会议，探讨了人工智能的发展，被认为是人工智能的缘起。在这次会议中，人工智能（AI）的概念被正式提出："让机器能像人那样认知、思考和学习，即用计算机模拟人的智能。"从此，科学家们开始以 AI 的名义在科研领域探索前行；而要细数参会人的学术科研背景，大多曾在 MIT 求学或任教。科大讯飞与麻省理工学院的这次合作，被称为里程碑式合作。李世鹏、马桂林、陶晓东这三位"具有全球视野的顶尖科学家"的背书，在其中起到了关键作用。

可以说，在高级人才的引进上，刘庆峰从不吝啬。技术出身的他，对于顶尖人才的爱惜程度，大有曹操、李世民"天下人才尽入彀中"的气派。国际化人才的引用，为科大讯飞"走出去"做好了护航准备。

全球 50 大最聪明公司

在麻省理工评选的"2017 年全球 50 家最聪明公司"榜单中，科大讯飞远超阿里云、腾讯等，跃居全球第六、中国第一。这是国际社会对"实力派"科大讯飞的巨大肯定。从此刘庆峰"要让全世界最好的研究机构与专家成为科大讯飞沟通、合作的对象"。

拥有百年创刊历史的《麻省理工科技评论》，每年都会挑选出 50 家将关键技术进行商业应用，从而创造新机遇的企业。其中不乏亚马逊、苹果这样庞大且不断发展的公司，也有类似 IBM、通用电气这样在技术革新上下注的保守巨头；还有许多有雄心壮志的创业公司，比如 SpaceX，正在研究可重复使用的火箭，让太空旅行变得经济可行。

企业并非一定要做到行业巨头、成为最赚钱的公司，才能上榜。《麻省理工科技评论》对公司的专利数量、所在地以及资金规模也不感兴趣。它的筛选标准有两个：科技领军能力和商业敏感度。换句话说，上榜的 50 家公司必须是"高精尖科技创新"与"能够保证公司的利益最大化的商业模式"的完美融合。对此，《麻省理工科技评论》主编解释："科技发展有大幅提高生产力的潜力，但这几乎只能在顶级公司中实现，绝大部分公司并不能有效地使用新技术。更严重的是，那些落后的公司并没有努力追赶，新想法和商业模式的扩散速度比想象中还要慢。"

2018 年 4 月，《麻省理工科技评论》公布"2017 年度全球 50 家最聪明公司"，科大讯飞首次上榜，名列全球第六（前五位分别是英伟达、SpaceX、亚马逊、23andMe、谷歌母公司 Alphabet），位居中国公司第一。中国共有 9 家公司入榜，除了科大讯飞，还有腾讯（第 8 位）、旷视科技 Face++（第 11 位）、大疆创新 DJI（第 25 位）、富士康（第 33 位）、阿里巴巴（第 41 位）、HTC（第 42 位）、蚂蚁金服（第 49 位）以及百度（第 50 位）。之前上榜的华为和滴滴出行跌出了榜单。

这个榜单出炉之后，刘庆峰骄傲地说："能在全球人工智能浪潮中，用核心技术和创新力为中国代言，我们倍感荣幸！"

而中国民众在第一时间产生疑问：科大讯飞凭什么？

《麻省理工科技评论》点评称："科大讯飞在中国语音技术市场的占有率高达 70%。该公司旗下的语音助理技术是中国版的 Siri。其实时翻译技术则是杰出的人工智能应用，克服了方言、俚语和背景杂音，可将汉语精准地翻译成十几种语言。"

麻省理工学院是有多看好科大讯飞呢？在公布"2017 全球 50 大最聪明公司"榜单之后不久，麻省理工学院最大的跨学科研究实验室 CSAIL，向科大讯飞发出了邀请："科大讯飞是最具创新思维的公司，我们非常期待和你们一起在科技之旅中探索。"

刘庆峰对此非常开心："这不仅是对科大讯飞技术创新力量的认可，也是对背后的中国科技力量的认可。"

接到邀请后，刘庆峰带领团队立刻飞到了麻省理工学院。在为期两天的访问与沟通之后，科大讯飞与麻省理工学院计算机科学和人工智能实验室签订战略合作协议，成立人工智能联盟，共同探索人工智能研究的前沿领域和更广阔的应用前景。

在人工智能领域，麻省理工学院是启蒙和开创的代名词。1956 年在美国举行的达特茅斯会议，探讨了人工智能的发展，被认为是人工智能的缘起[1]。在这次会议中，人工智能（AI）的概念被正式提出：
"让机器能像人那样认知、思考和学习，即用计算机模拟人的智能。"
从此，科学家们开始以 AI 的名义在科研领域探索前行；而要细数参
会人的学术科研背景，大多曾在 MIT 求学或任教。

科大讯飞国际化战略的一个重要目标就是在全球范围内整合人工
智能源头技术的资源。刘庆峰明确表示：

> 研究院、主要业务方向，都要知道相关领域全世界最好的研
> 究机构在什么地方、最顶尖的专家在哪个大学或哪个公司，要形
> 成全球人工智能创新地图，并且让他们成为我们的沟通对象、合
> 作对象。

在与国外高校和研究机构的合作方面，科大讯飞一直在努力。
2015 年，科大讯飞与约克大学联合创建了讯飞神经计算与深度学习实
验室；2016 年与美国佐治亚理工学院进行联合研发；2017 年 12 月科
大讯飞硅谷研究院正式成立。此次与麻省理工学院结盟，被称为里程
碑式合作。

首先，双方合作是一种典型的优势互补、强强联合。麻省理工学
院计算机科学和人工智能实验室，在人工智能研究领域有着得天独厚
的优势；科大讯飞是亚太地区最大的智能语音和人工智能上市公司，
双方将从语音处理、推理认知和类人人工智能等领域开展合作。

更重要的是，与麻省理工学院合作，科大讯飞可以获得国际背书。
能与麻省理工学院合作，代表着科大讯飞的技术已经在海外得到了足
够的认可。与麻省理工学院结盟，科大讯飞的国际化道路必将顺畅很

---

[1]《人工智能的起源：六十年前，一场会议决定了今天的人机大战》，澎
湃新闻，2016 年 3 月 13 日

多。科大讯飞虽然在国内顺风顺水，但到了海外，不仅无法像在国内那样得到政府的优待，还要遭受市场对中国企业的戒心与敌意。有了麻省理工学院的背书，科大讯飞的实力就会得到客观重视，在欧美市场拓展业务就会顺利很多，从而在海外市场上站稳脚跟。

当企业发展到一定阶段之后，"走出去"是必然选择。但是，企业"走出去"，不能靠幻想，更不能过度依赖中国政府的扶持，而要靠企业自己的力量去征服当地。这时候，利用自己的技术优势和产品优势，与当地组织建立战略联盟，"以夷制夷"，是在海外站稳脚跟、广开市场的理智选择。

在这方面，华为是楷模。早在创业初期，任正非就向所有华为人宣称：未来世界电信市场，三分天下，华为有其一。1996年5月，任正非发表了题为《加强合作，走向世界》的讲话。随后，华为先后和长江实业旗下的和记电信、泰国的移动运营商AIS、沃达丰等合作，通过战略联盟的方式，撬开了国际市场。

作为华为的崇拜者，刘庆峰在实施国际化战略时，也充分吸取了华为的经验。能借力就借力，能结盟就结盟，以开放的姿态，尝试多向联合。

志在拿下欧美市场

过去，科大讯飞语音技术的应用不仅在中国大陆的近 30 个省份得到了推广应用，还成功地进入中国香港、中国台湾地区，以及新加坡、日本等市场。并且随着国家推行"一带一路"发展，科大讯飞服务"一带一路"周边所有国家。但是，刘庆峰并不满足于此，他的目标是拿下欧美市场，从 2018 年开始，科大讯飞布局重心开始倾斜到欧美地区。

除了和科研机构展开技术交流、联合研发之外，科大讯飞更注重与海外企业开展业务合作，把科大讯飞的消费产品销售到全世界去。

2018 年 1 月 9 日，科大讯飞首次在全球最大消费类电子产品展览会 CES 上参展。CES 是当今世界上最大、影响最为广泛的科技产业盛会，被视为科技领域发展趋势风向标。在此之前，CES 已经举办了 50 届。

第 51 届 CES 在拉斯维加斯举行，科大讯飞推出独立展厅集中展示多款人工智能产品，面向 AI+ 会议、AI+ 翻译、AI+ 智慧家庭、AI+ 智能车载等多个场景、领域，展示了 AI 如何融入生活并改变着生活。[1]

作为翻译场景的重要产品，讯飞听见在 2018 拉斯维加斯"中国之夜"和奥巴马总统演讲会等展会活动中精彩亮相，现场不仅实现了中英文演讲内容实时转写上屏，同步进行实时翻译，还在会议结束后及时成稿，转录准确性高达 95%，有效减轻了同声传译的压力。精准快速的语音转写功能和实时翻译技术赢得了现场嘉宾的阵阵惊叹。

在家庭场景中，"多模态智慧家庭"演示了用户与智能终端交互的未来，通过声纹识别等实现与家庭成员的主动式对话、个性化交互，使人与机器之间的交流像人与人一样自然流畅。

以德国数学家名字命名的全球首款全语音人工智能耳机——莫比斯 Mobius 也闪亮发布，有着"无限"寓意的莫比斯以咪咕内容与科大讯飞技术为核心，聚合全语音交互对话、智能操控语言翻译、心率监测、出行导航音乐听书等一站式生活服务和海量正版有声内容，成为区别于其他智能耳机的主要功能亮点。

科大讯飞第一次亮相 CES，可以用"惊艳全场"来形容。来自全球的参会者切身感受到了人工智能在中国的最新发展成果以及新时代下，智能应用给人们的工作生活带来颠覆性的改变，观众们纷纷为中国技术、中国智慧点赞。

在 CES 高调亮相之后，2018 年科大讯飞又频繁参加了国际语义评测、机器阅读理解、国际识别挑战赛、国际自动驾驶领域评测等多个 AI 领域的国际赛事，获得 12 项世界第一。通过在这些国际赛事中的卓越表现，强化了科大讯飞的国际影响力。

与此同时，讯飞团队又升级了讯飞翻译机 2.0、讯飞听见、讯飞智能办公本、魔飞等系列产品，并完成了针对开发者和合作伙伴的讯

---

[1]《科大讯飞："让世界聆听中国的声音"》，人民日报，2018 年 5 月 30 日

飞 iFLYOS 系统的内测。与其他语音交互类产品不同的是，iFLYOS 以软硬一体、服务连接、自由度高为特点。基于科大讯飞最先进的语音技术，链接优秀的软硬件合作伙伴，为智能语音产品生态提供可自主定制的解决方案。

经过一年精心准备，科大讯飞信心满满地参加 2019 年 CES 会展了。本次 CES 中，人工智能持续成为业界关注焦点，科大讯飞再次燃爆全场。经过多次迭代更新的讯飞翻译机 2.0，可以实现中文与 50 种语言的翻译，并支持方言翻译、离线翻译、拍照翻译、全球上网，提升了商务、出行、日常涉外交流场景下的翻译准确率问题，从而拿下了 2019 CES 全场创新大奖。在科大讯飞展区，参观者和国际媒体对科大讯飞产品强大和迅捷的翻译能力很感兴趣，许多人亲自试用。

"我们非常高兴能够获得 CES 创新奖，这不但是对科大讯飞，也是对中国企业创新能力的认可。"对于获奖，刘庆峰很自豪。

新一代便携式智能录音笔也在这次参展中亮相，新一代讯飞智能录音笔将高准确率拾音和高效率的声音转文字的能力的软硬件能力融为一体，极大程度地提高媒体工作者、学生、作家在工作场景中语音记录和资料整理环节的工作效率，这对文化产业发达的美国来说，无疑是很有市场潜力的。

另外，讯飞智能硬件生态产品乐森变形机器人 T9、小飞智驾智能车载支架和聆耳 AI 智能耳机等讯飞生态产品也在现场首秀，为 CES2019 的 AI 创新风潮带来精彩看点。变形机器人 T9 是科大讯飞和深圳乐森公司合作研发的，主要面向娱乐和教育领域，可让小朋友学习编程，还可 App 操控和语音操控。很明显，变形机器人 T9 也是冲着海外市场而来。

总而言之，第二次参展，科大讯飞带来的 AI 产品更丰富了，涵盖家居、教育、医疗、玩具、手机等众多行业，拿下欧美市场的企图心越来越明显。

如今，刘庆峰已经把每年参加 CES 列为"出海"例行攻略。CES

成为展示科大讯飞创新能力的舞台。在获得国际市场反馈的同时，与更多的国际伙伴加强沟通与交流，进一步拓展合作。为此，科大讯飞加强创新能力，研发支出在总支出中的比例逐年大幅提高，公司研发人员已经突破 8000 人。"有了好的技术产品，才不怕接受国际检阅！"刘庆峰认为科研投资花得很值。

前文介绍过，刘庆峰创业最早是做 toC 产品的，虽然"畅言2000"遭遇失败被迫转向 toB 领域，但是刘庆峰对回归 toC 始终抱有情结。科大讯飞创业的初心，就是通过自己的技术创新，来改变人类的生活。长久以来，一直因为生存和向股东交代，科大讯飞不得不在利润空间更大的 toB 领域深耕，终于等到人工智能时代的来临，刘庆峰希望把 toC 这一块补足，如此一来，toB 和 toC 两条腿走路，科大讯飞必将越来越稳。

"AI+ 时代不仅是从业者的时代，更是每个人的新时代。"基于这样的理念，2016 年，科大讯飞成立了消费者事业部，触角延伸至消费者业务。胡郁被任命为新部门总裁，挑起了产品研发重担。从这一年起，toC 业务每年保持 30% 的平均增速，成为科大讯飞新的增长引擎。

讯飞输入法、便携式翻译机、智能录音笔、AI 智能办公本、智能家居、智能导航仪……围绕市场需求，科大讯飞的产品线越来越长。有了这些产品，刘庆峰征服世界的信心倍增。

针对亚洲市场，科大讯飞规划了学习教育产品。目前，讯飞智能录音笔 SR502 和 A1 智能办公本等已在日本市场销售，新加坡的小学使用了科大讯飞的一些产品来帮助纠正学生普通话中的发音；针对欧美市场，科大讯飞规划了 AI 商务办公产品，强大的讯飞翻译机和智能录音笔已经撬开了消费者市场。

"对于海外市场，我认为我们的翻译和教育产品可以帮助我们。毕竟，全世界有更多的人想了解中国，学习中文。"刘庆峰表示，"我们的核心技术都是自主研发的，在进军国际市场时，不用担心被卡脖子的情况。"

为了便于从 toC 市场切入海外市场，科大讯飞在硅谷设立子公司。打入美国市场，科大讯飞不得不面临一个现实：与 AI 大咖正面交锋。在国际市场，谷歌、微软、苹果、亚马逊等一直占据垄断地位。眼看着科大讯飞直捣自己的老窝，这些 AI 大咖很难不采取行动。实际上，科大讯飞的海外表现，也是促使微软斥巨资收购美国版"科大讯飞" Nuance 的原因之一。

美国子公司总经理李春艳坦言，科大讯飞在美国市场切入 toC 市场，势必会影响到谷歌和亚马逊的利益。但她认为，科大讯飞并不是要和他们竞争，反而可以是伙伴关系，进军海外的首要任务是先将产品做好本地化，借此获得当地消费者用户的青睐。显然，这是刘庆峰的缓兵之计，毕竟他的目标是建立世界级的伟大公司，和 AI 大咖正面开扛，是迟早会发生的事情。

"让世界聆听我们的声音！"科大讯飞的总部里到处悬挂着这样的标语。过去只是说说，现在科大讯飞开始动真格了。踏足欧美市场的那一刻起，刘庆峰觉得自己离初心越来越近了。

硅谷闭门会议

竞争之外亦有合作。刘庆峰带领科大讯飞人携产品在全球攻城略地的同时，积极在当地扶植力量。他与美国硅谷30家创业机构举行闭门会议。这些创业者纷纷表示："只要讯飞投，价格无所谓。"此外，科大讯飞与英伟达确定进一步加强战略合作，共建联合实验室。

硅谷是所有对计算机和科技感兴趣的人都无比向往的神圣之地。作为全球科技创新中心，硅谷云集了众多知名企业、高校及研究机构。刘庆峰对硅谷一直都有"觊觎之心"。

早在2014年1月4日，科大讯飞就派了3位高干——孙承华、马冰、黄海兵到硅谷探路。三人此行的目的有二：一是前往拉斯维加斯参加2014的CES展。二是和20余名硅谷校友见面。讯飞通过新创基金会联系中科大硅谷校友会董贵强和王川，进而联系到硅谷更多互联网与IT行业校友。新创基金会是由蒋华、周全、张云飞、马扬、郭胜利、张树新、吴雪筠、蒋澄宇、杨光、许四清、章晓华、郭元林等人于2006年发起的，新创基金会与科大的关系是"合作但独立"。刘庆峰是新创基金会的负责人之一。

在这次见面会上，马冰向校友们介绍了科大讯飞公司的发展历史、现状和业务分布，讯飞在ASR和TTS上的技术进展以及历年来所获得的各种奖项；黄海兵补充了讯飞在语音技术上的全面性；讯飞平嵌事业部目前的基于语点的各个产品：手机语点的最新轻客户端构架、更快 / 更准 / 更智能的电视语点、方便安全的汽车语点以及其他硬件和玩具的应用。校友们就英文方面的 ASR 和 TTS 方面的进展、科大讯飞和 NUANCE、云之声和谷歌对比的技术优势、在美国开展讯飞语音业务的可行性和商业模式等问题进行了提问。这次友好交流大会，相当于对科大讯飞做了一次普及，也是为刘庆峰本人造访硅谷做了铺垫。

2015 年 8 月 7 日，刘庆峰来到硅谷，为 30 位硅谷校友做主题演讲，回顾了讯飞的创业史，并隆重介绍了网红输入法——讯飞输入法和"讯飞超脑"计划。刘庆峰随后参观了 Airbnb、Uber、Google、Apple 与 Facebook 公司。这次硅谷之行，给刘庆峰留下了深刻印象。

不到半年，也就是 2016 年 1 月，科大讯飞在美国北加州硅谷地区正式成立科大讯飞硅谷办公室（iFLYTEK Silicon Valley Office）。该办公室作为科大讯飞在北美的联络窗口，持续搭建讯飞硅谷业务平台、跟踪国际最新技术、探索各类业务合作。科大讯飞硅谷办公室的第一个合作项目，就是和美国佐治亚理工学院进行联合研发音视频唤醒技术。佐治亚理工学院是一所公立综合型大学，与麻省理工学院、加州理工学院并称为美国三大理工学院，也被称为南方 MIT。

2017 年 12 月，科大讯飞硅谷研究院正式成立。

2018 年 1 月，刘庆峰又带领领导班子，趁着去美国参加 CES 2018 的机会，再次到硅谷考察，并参观了谷歌、Facebook、英伟达、斯坦福、MIT、普林斯顿等公司。大家最大的感受就是："无论是全球最顶尖的科研院所、互联网公司和高科技企业，还是几乎所有的家电、汽车厂商……无不看出人工智能正在成为一个最大的潮流。"

这次在硅谷，科大讯飞从几百家中挑出 30 家创业机构召开了闭门会议。他们大多为美国当地的创业者和科研人员，其中涉及教育、医疗、机器人等多个领域。当地创业者非常看重科大讯飞的技术和中国市场，甚至有创业者说："只要讯飞投（资），价格无所谓。"

刘庆峰在参观英伟达的时候，趁机与英伟达确定进一步加强战略合作，共建联合实验室，形成了更好的意向。"2017 年度全球 50 家最聪明公司"，英伟达排行全球第一，科大讯飞排行中国第一，两者联盟可谓强强联合。

对于这次硅谷之行，刘庆峰认为有三大收获：

第一，我发现我们的产品，比如翻译机，在进行翻译沟通的需要及英语学习的需要，这些在北美市场都有迫切的需求，非常多的人想做我们的代理和合作伙伴。

第二，我发现在当地，教育和医疗等领域对我们的产品需求迫切，很多创业者和科研人员想与我们合作。因为我们在中国已经有了非常好的研究核心技术和应用探索，大家希望通过合作将相关应用推广到美国来。

第三，人工智能产业生态，现在有 50 多万开发团队。我发现北美有很多团队有兴趣做应用开发，这也非常有需求。目前也已决定在北美部署我们的服务平台计划， AIUI 的平台。还有一个就是我们看到很多投资和创业的机会，很多创业者都非常希望讯飞能投资。

我在硅谷时，甚至有些人说："只要讯飞投，价格无所谓。"因为他们看重我们的技术和未来带来的中国市场，以及我们将来很多数据对行业趋势的分析。人家觉得我们懂中国，尤其是一些很多在海外的优秀华人创业者，他们希望创造出来的东西在中美两地都可以推广，所以欢迎讯飞成为股东。因此，我们的投资也会加大。我们产品的推广、行业战略合作伙伴以及产业生态、投资并购都有非常好的机会，我觉得这次来得很值。

启示：不忘初心，方得始终

2017 年 6 月 9 日，在科大讯飞成立 18 周年之际，刘庆峰在讯飞"成人礼"上发表了题为"初心不改，共创未来"的主题演讲。他说："现在我们不光要有顶尖的人工智能技术，要有产品和市场，要走得更远，还必须有诗和远方。所以，从今天开始，对所有的讯飞人来说，要多一些情怀，多一些诗和远方。"

2018 年年会召开之前，刘庆峰反复斟酌，到底用什么样的主题词才好呢？因为随着科大讯飞的接连走红，有太多抓人眼球的主题可以选择。最终他使用了"不忘初心，踏实前行"。他这样鼓励讯飞人：

> 幸福都是奋斗出来的，但奋斗的路上无法苟且偷生，无法小富即安。要么成，要么不成，没有中间状态。为什么？因为我们选择了 AI 的赛道，在 AI 的赛道上没有第二，只有第一。不忘初心，脚踏实地，保持不可遏制的信心、持续奋斗的决心，这才是发展的硬道理。

科大讯飞的国际化之路正是"不忘初心、不改初心"的产物。科大讯飞的初心是什么？用技术推动人类社会的进步。如果不能走出中国，何以谈改变人类生活呢？这就是刘庆峰坚持"走出去"的内在动力。

（一）心中有更大的未来

中国每个阶段都会涌现出成千上万的企业，但为什么走不出世界级的企业呢？首先在愿景上，很多企业都是"矮子"。

"让机器能听会说、能理解会思考，用人工智能建设美好世界。"这是刘庆峰和讯飞长久的梦想。

"中国现在能挣钱、挣大钱的公司很多，但我们希望做一个能够立足于长远、与时代共同前进、能顶天立地的企业。"这是讯飞的使命。

"在人工智能领域上不仅做到中国最好，还要代表中国实现世界领先。"这是讯飞的愿景。

在刘庆峰为科大讯飞设置的梦想、使命、愿景里，不乏"世界""人类""最好""领先"。

（二）保持创新基因、保持全身心投入、保持挑战权威的习惯

当然，仅仅梦想、使命、愿景清晰是不够的，科大讯飞为什么有信心走出去，保持核心技术国际领先？按照刘庆峰的说法，首先，科大讯飞人最早的基因里就有对创新的追求，就有用创新改变世界的不可遏制的、发自内心的热爱。"创新"已经成为科大讯飞的传承。其次，讯飞人厚积薄发。他们有长期为之奋斗的决心："我们心中这团火燃烧了不是一年两年，而是10年、20年。从我本人来说，会为科大讯飞的人工智能事业奋斗一辈子。"

最重要的是，从创业开始，讯飞人的骨子里就有挑战权威的习惯。当年，中国的语音市场全部被国际巨头控制，讯飞改写了格局；现在，讯飞要挑战的是，"让中国在全球人工智能领域不光获得话语权，而且要做人工智能产业领导者、产业生态构建者以及全球人工智能产业领导者"。

（三）用顶天立地的价值观去赢取胜利

刘庆峰相信，所有的胜利都是价值观的胜利，而价值观的量化是把事情"做实"的有效路径。他给科大讯飞提出了一个"421克拉钻石价值观"——"4"是指讯飞人的四个职业标准，分别是：团结协作、简单真诚、专业敬业、担当奋进。"2"是组织层面的成功特质，也是讯飞从创业初期就一直突显的品质，就是"创新"与"坚守"——坚持"顶天立地"的创新方向和路径；坚韧不拔坚守企业长期发展理想。"1"是讯飞的企业价值主张，即成就客户。

第九章

突出重围（2020 至今）

2020 年新冠疫情不期而至，全球陷入恐慌，科大讯飞却在帮助国家排忧解难的过程中实现逆势增长。科大讯飞的高成长，让BAT 坐不住了，它们开始"All in AI"，试图以强悍的综合实力碾压甚至"围剿"科大讯飞。在前所未有的竞争面前，刘庆峰显得异常淡定，他没有被对手搅乱视线，而是聚焦源头技术的攻克，通过"把自己逼疯"的方式，间接"把对手逼死"。比起竞争对手的攻击，刘庆峰更在意科大讯飞自身的发展活力，为了激活科大讯飞，刘庆峰做出了更大的决定："三分天下"。他把总裁的权力棒交给了吴晓如，并"勒令"另两位副总裁胡郁和陈涛"辞职"，到新公司"东山再起"，通过内部赛马，逼着科大讯飞人再造辉煌。

Al 战"疫"，逆势增长

　　危机也是机会。2020年疫情黑天鹅不期而至，全球陷入恐慌，企业普遍生存艰难。而科大讯飞却在非常时期，逆势增长，营收创下历史最好水平，且上榜工业和信息化部科技司公布的"在科技支撑抗击新冠肺炎疫情中表现突出的人工智能企业名单"。

　　"您好，我是 ××× 疫情防控指挥部的工作人员，为了更好地进行疫情防控工作，有几个问题需要跟您了解一下，首先请问，您现在是在 ×× 地吗？"

　　疫情期间，不少市民会接到这样的行程流调电话，但其实电话那头，是科大讯飞研发的战"疫"新队员——"智能语音外呼机器人"。

　　2020年，一场突如其来的疫情危机，让全球陷入了恐慌与混乱。在这关乎国计民生的特殊时期，科大讯飞站了出来。

　　"作为中国 AI 第一代表，我们怎么能在关键时候不作为呢？"刘庆峰在疫情暴发的第一时间，对研发团队下达了死命令：必须发挥第一次创业时期的研发精神，快狠准地研发出智能系统，帮助政府和人民渡过难关。

　　疫情防控中，外来人员跟踪随访等工作需要大量人力物力，给一线防控带来巨大压力。针对这一难题，科大讯飞研发出了智能语音外呼系统。通过该系统，工作人员可以与市民实时电话交互，根据每名市民的不同回答自动生成表格，方便工作人员查看统计反馈的情况。当跟踪到中高风险地区的外来人员时，智能语音外呼系统还可以调查人员行程码信息、当前所在区域及体征状态等信息，及时发现异常人员并由对应社区做跟进处理。

科大讯飞开发的这套智能语音呼叫系统，在武汉疫情防控关键时期，曾帮助在武汉地区实现 3 小时 100 万的人群覆盖，提高人工筛查效率 40 倍以上。后来韩国大面积暴发疫情后，科大讯飞第一时间支持韩国上线防疫外呼系统，经韩国福祉部认可后，在韩国京畿道、大邱市、首尔市、全州市等多地使用，帮助韩国度过了最艰难时期。

智能语音呼叫系统还可以应用在密接、次密接人群协查，健康码异常人员跟踪随访，核酸应检未检人群调查等多项工作。比如，对区域内核酸应检未检人群进行调查时，可以了解其是否在本地、是否已做核酸、未做核酸的原因等情况，筛查出未做核酸人员并反馈给对应社区做跟进处理。这一功能成为后期各地日常"排雷"的有效工具。

2022 年上海疫情失控后，科大讯飞智能语音呼叫系统再次发挥了重要作用。接到当地疫情防控指挥部的协助需求，智能语音呼叫系统上线只用了不到 48 小时，并且在不到 3 小时的时间里，完成了对近 7 万重点人群的核酸检测排查，助力政府部门高效无接触地开展疫情信息排查工作，为社区工作人员减轻了大量工作负担。

除了智能语音外呼系统之外，科大讯飞的人工智能看病问诊技术在疫情期间也发挥了重要作用。

上面我们提到过，科大讯飞的初始标杆企业 Nuance 的主业务是医疗，而科大讯飞迟迟没有切入该领域，刘庆峰对此一直耿耿于怀。2017 年 8 月，科大讯飞与清华大学合作研发"智医助理"机器人在国家医学考试中心、公证处的监督下，与全国的人类考生一道参加了医考。结果，"智医助理"以 456 分的成绩超过临床执业医师合格线（360分），成为全球第一个通过国家医师资格考试评测的机器人。

疫情暴发后，一直不温不火的"智医助理"立即派上了用场。2020 年上半年，"智医助理"在西藏、内蒙古、青海、北京、新疆、黑龙江、浙江等 11 个省市近百个区县、超 2000 个乡镇级医疗机构、超 20000 个村级医疗机构投入使用，日均提供超 30 万条辅诊建议，累计服务数亿人次，为疫情防控和社会稳定运转做出了突出贡献。据统计，2020年疫情高发期间，"智医助理"累计处理基层就诊病历632万份，监测发烧、咳嗽、呼吸困难等疫情相关症状。安徽、北京、浙江、吉林、湖北等30个省市地区各级卫健委、基层医生充分利用智医助理电话机器人进行疫情宣教及重点人群随访6700万人次，通过智能外呼筛选出有伴发热症状患者4.7万人，流行病学史阳性5.5万人，极大缩减了人工排查的工作量，提高医务人员通知和随访工作效率，缓解了疫情防控的压力。

另外，科大讯飞还专门为医生打造了"智能导诊"系统和方便快捷的病例辅助录入方式——"讯录"。"讯录"凭借强大的医疗语音识别服务能力、先进的自然语义理解技术和丰富的方言知识库，在特殊时期大大提升患者的就医体验和医生的诊疗效率。

让科大讯飞在疫情期间"大火"的不是智能语音外呼和智能医疗，而是智能教育。

"一个国家2.65亿学生、1600万老师共同开展在线教学，这是历史上从未有过的重要教育事件。" 北京师范大学副校长、教育学部教授陈丽当时如此感叹。

国民的需求就是科技企业的发展机会。科大讯飞智慧教育产品抓住机会，在"课堂保卫战"中大显身手。

科大讯飞第一时间推出了"智慧课堂"和"智学网"，将课前预习、听课、互动、作业反馈、辅导答疑等一整套流程搬到线上，实现精准教学、因材施教。

利用"智慧课堂"，教师可以轻松获取系统依据班级学情智能推荐的教学资源，高效备课；还可以通过录制微课的方式分享给学生，这样就减少了网络卡顿现象。最重要的是，教师可以随时提问，师生快速连麦，学生线上作答，调动学生学习积极性，确保教师随时了解同学们的学习状况。

利用"智学网"，另外一个棘手问题——批改作业，得以解决。朗读作业、答题卡练习、同步课时练……"智学网"为教师提供了充足的资料。学生作业提交后，客观题系统自动批改，主观题学生拍照作答上传，老师这边可以按题批改，也可以按学生批改，不遗漏任何细节，红线批注，合理批分，系统自动输出批改报告。老师可以查看整个班级以及每位学生的练习提交、知识点掌握等情况。

在特殊时期，科大讯飞的智能教育有效满足老师、学生、家长不同群体在教、学、考、管全场景的使用需求。随着"网课常态化"，科大讯飞智慧教育产品越来越智能，市场覆盖率和认可度越来越高，名气越来越大，逐渐成为科大讯飞的领先优势。

正所谓危机也是机会。受疫情影响，企业界哀鸿遍野，大批企业的营收成为问题，而科大讯飞却在特殊时期展示出了非凡的赚钱能力。根据 2020 年 8 月官方发布的 2020 年度上半年财报，科大讯飞实现营收 43.49 亿；根据 2021 年 4 月官方发布的 2020 年全年年报，科大讯飞实现营收 130.25 亿元，较上年同期增长 29.23%；归属于上市公司股东的净利润约 13.64 亿元，较上年同期增长 66.48%；因经营活动产生的现金流量净额创历史最好水平，达到 22.71 亿元。

得益于抗疫期间的卓越表现，2020 年 6 月，科大讯飞上榜工业和信息化部科技司公布的"在科技支撑抗击新冠肺炎疫情中表现突出的人工智能企业名单"，受到了官方肯定和表彰。

凭借开创性技术创新成果，科大讯飞在非常时期可谓名利双收。科大讯飞的逆势增长，一扫 2018 年以来的股市低迷，让那些唱衰它的人士自动闭嘴，同时也为整个人工智能行业的产业升级打下一剂强心针。

"这一次抗击疫情取得了战略性阶段性成果，首先是因为我们的治理体制的优势，我觉得，在抗疫过程当中，人工智能发挥了不可磨灭的作用。"刘庆峰再次成了媒体宠儿，他在接受采访时骄傲地说，

疫情强推我们进入数字化生存时代，为人工智能的落地带来了巨大的想象空间。[1]

---

[1] 语出 2020 年 9 月 7 日举办的 2020 南京软博会开幕式主题演讲

坚持"大波浪"和"小波浪"共同前进

> 正所谓，内圣方能外王。刘庆峰认为，AI将深刻改变社会各个领域，还将助力我国的共同富裕和均衡发展。未来，中国人工智能产业的发展要由"单点技术创新"升级到"系统性创新"。为此，他反复强调科大讯飞要源头创新，占据核心技术的高点，在国际竞争中拥有话语权。

在全球肆虐的疫情之外，科大讯飞还有一件必须面对的事情。2019年10月7日，美国联邦政府宣布将28家中国企业实体加入"实体管制清单"（Entity List），禁止这些企业购买美国产品。其中之一就有科大讯飞。

2020年9月1日下午，刘庆峰第一次在新品发布会上正式回应了被列入美国实体清单一事，表示坚持源头创新，核心技术要靠自己研发。

此举让人忍不住想起了另外一个人。2019年年初，美国前任总统特朗普在社交媒体发了一条信息，表示不再让华为使用高通的芯片和谷歌的安卓系统。这一消息发布后，大家都为华为捏了一把汗，但任正非却非常淡定地说："我们不怕。"随后，海思麒麟芯片横空出世，也就是说没有了美国高通的芯片，华为依旧能继续发展下去！紧接着，华为自主研发的操作系统鸿蒙也稳步上市，这意味着就算是没有了安卓系统，华为也将立足于智能手机市场。

任正非一直是刘庆峰的学习偶像。华为在核心技术上坚持自主研发的做法，被科大讯飞看在眼里、学在手里。

疫情推动了人工智能的落地，让科大讯飞对人工智能的未来大获信心。疫情之后，刘庆峰陷入了沉思：接下去，人工智能将何去何从？

20 年前，如果问"什么是人工智能"，答案可能只存在于斯皮尔伯格拍摄的科幻电影里。一直以来，人工智能叫好不叫座，大家都知道它有光辉的未来，但是不知道它究竟会怎么样改变我们的生活。突如其来的疫情，让人们见识到了人工智能的落地。

人工智能从来没有像今天这样触手可及。而这种触手可及，既有源头创新，又有产业应用。那么，科大讯飞应该主抓什么呢？

刘庆峰得出的答案是：源头创新，占据核心技术的高点，在国际竞争中拥有话语权。

在接受两会特别节目《代表》采访时，他如是说：

> 未来十年将是属于人工智能的新十年。十四五期间，是人工智能解决老龄化、用工荒等社会重大命题的最关键的窗口期。抓住十四五，我们就率先在人类解决我们面临的重大历史问题，就是产业上在全球可以用的话语权。

2003 年第一次当选全国人大代表时，刘庆峰正好而立之年，科大讯飞刚创办第四年。仿佛一眨眼时间，他已经是"老代表"了。这些年，人工智能的应用变得越来越广泛：从早期的以个人产品为主，到给行业赋能，再到对工业发展产生作用。但科大讯飞始终致力打造源头技术创新策源地，不断追寻"顶天立地"的产业梦想。

刘庆峰把创新分为源头技术创新、产品应用创新、服务创新、管理创新和销售渠道创新；他说："当今中国相对欠缺的，是源头技术创新。所以，中国产业界在重视服务和管理创新的同时，要有一批企业敢于在源头技术上进行突破。互联网时代，全球最好的成果可以迅速服务全世界的用户，创新领域只有第一没有第二，只有拥有全球顶尖的核心技术，才可能有产业机会。"

2016 年，在"人工智能"还没有成为"热词"的时候，他就建议政府积极扮演"新技术践行者"的角色。在他看来，我国最大的优势是举国体制。往往交叉学科最容易出创新成果。人工智能领域的研究需要结合脑科学、神经心理学以及计算机科学、数学等学科，国家可以最大化地调动资源，设立国家实验室、应用示范区等，给人工智能的研究提供最大化的支持。有了良好的科学基础，再加上举国体制的优势，中国企业完全有机会走在世界的最前列。

2017 年两会期间，作为代表的刘庆峰提交了关于人工智能发展的 9 条建议，涉及源头技术创新的标准制定、产业生态打造到相关法律体系建设等等。2017 年 7 月，国务院发布《新一代人工智能发展规划》，将人工智能上升至国家发展战略；12 月工信部再次发布《促进新一代人工智能产业发展三年行动计划（2018—2020）》，以 3 年为期限明确了多项任务的具体目标，操作性和执行性很强。在国家制定的发展规划、行动计划中，刘庆峰的多条建议被吸纳。从 2017 年起，"人工智能""数字经济"等新名词屡次出现在政府工作报告里，"人工智能"上升为国家战略。

发布《新一代人工智能规划》之后，源头技术创新被国家不断强调。2018 年，关于如何扼住创新"喉咙"的讨论中，刘庆峰再次进言：应用和源头技术要齐头并进。他形象地把两者比作"小波浪和大波浪"。

"一定要在源头技术上把人工智能的数学建模和现在的脑科学类脑计算结合。"他特别强调要对源头创新给出持续关注，"在人工智能时代，我相信最核心的人工智能的源头技术、创新的算法、配套的芯片，以及基于人工智能云平台的服务能力，这就是'大波浪'，而各种穿戴式设备、App 等都是'小波浪'。任何时候，国家发展或者行业发展都必须坚持大波浪和小波浪的共同前进。"

对于企业而言，他认为也要在关注"小波浪"的同时，更应关注底层的源头技术。

　　创新真正的核心在于掌握价值链的主导权，否则我们所有的开发和创新都将是在别人的院子里建大楼。

　　为了验证中国企业有主导实力，2018 年十三届全国人大一次会议上，刘庆峰曾带着他的翻译机在公众面前亮相，多语种翻译机征服了现场的人大代表。后来，作为北京 2022 年冬奥会和冬残奥会官方自动语音转换与翻译独家供应商，科大讯飞在国际上大放光彩。

　　2019 年，关于人工智能第三次浪潮的红利期，炒得沸沸扬扬。越来越多的竞争对手入局，纷纷争抢教育、医疗、司法等诸多应用领域。但刘庆峰坚持认为，当前应加强在人工智能源头技术创新上的投入。只有在人机耦合的创新模式上有所突破，中国才有望在新一轮 AI 浪潮中走在世界前列。

　　2020 年抗击疫情取得阶段性胜利，人工智能在落地应用上取得了耀眼成绩。团队纷纷表示，乘胜追击，倾注全力继续在垂直领域深耕，拼命增加营收。但刘庆峰并不这样认为，他觉得大家在争抢"小波浪"应用创新的时候，科大讯飞反而要加大对源头技术的投入，这样才能掀起"大波浪"。

　　在他看来，源头技术是"因"，落地应用是"果"，不能本末倒置。因此，大家都在思考如何赚钱，以给股东交代，刘庆峰却在考虑如何花钱。

　　刘庆峰强调，人工智能要解决社会重大命题，需要从单点突破走向系统性创新，这也就意味着需要让更多开发者参与，让开发者在重大社会命题上有用武之地。为此，科大讯飞发布开放平台 2.0 战略，联合行业龙头搭建行业基线底座，同时开放应用场景并面向开发者征集应用场景创意。开放平台 2.0 涉及 18 个主要赛道，从教育、医疗、智慧城市到农业到环保等各个领域。他的出发点很简单：只有越来越多的人加入，人工智能的蛋糕才能越做越大。

在开放平台的同时，科大讯飞加大了研发投入。2021 年科大讯飞新增相关研发费用 6.28 亿元，相关研发费用总额达 28.39 亿元，较上年同期增长 28.43%，增加人员储备 3301 人。新增的 3000 多名员工中，产研人员增加 1900 余人，加大在教育、医疗、汽车、学习机等领域的研发，加大面向未来根据地业务的研发投入。同时，面向一线新增 950 名员工，更好地推进根据地业务布局。在扩大人员队伍的同时，科大讯飞的产品线却在缩小。

当竞争者"广播种遍撒网"的时候，刘庆峰为科大讯飞制定了"聚焦战略"大旗——集中精力到能够规模化的产品线，以释放规模化红利。这是一步险棋。但刘庆峰说：

只有把自己逼疯，才能把对手逼死！

十亿用户 · 千亿收入 · 带动万亿生态

外有美国"实体管制"，内有新冠疫情，在内外受困的各种不确定情况下，刘庆峰号召团队，弘扬红军长征精神，通过建立根据地业务，为科大讯飞找到穿越经济周期和持续增收的武器。

2021 年 2 月，刘庆峰对外公布了"十四五"期间目标：实现十亿用户、千亿收入，带动万亿生态。千亿元营收中包含：教育贡献 300 亿元，医疗养老贡献 200 亿元，开放平台 +C 端硬件贡献 200 亿元，汽车业务、运营商、智慧城市 3 个方向各贡献 100 亿元。

由此我们可以看到，新"聚焦战略"的 6 个方向为：智慧教育、医疗养老、开放平台、智慧汽车、运营商、智慧城市。刘庆峰将这些业务统称为"根据地业务"。

2021 年被刘庆峰列为科大讯飞根据地业务的扎根之年。"这一年下来，我们越来越清晰地感受到，根据地业务的核心是满足社会刚需，以价值创造推动社会进步。所有为了做而做的产品，所有通过纯宣传而触动消费冲动的都不是科大讯飞的根据地业务，我们把一次性销售的业务尽量往下压，把持续有盈利能力可以持续带来增量价值的业务的重要性往上提，夯实根据地业务战略的推进，因为我们要的是更长期的未来。"

"根据地业务"在 2021 年科大讯飞总收入占比中超 50%。经过过去一年布局，刘庆峰进一步将根据地建设分为五大类：G-B-C 融合型根据地、市场覆盖型根据地、刚需未来带动型根据地、价值客户型根据地和 C 端根据地。

其中，G-B-C 发展模式被他在公开场合屡屡提及。具体指什么，刘庆峰拿智慧教育举例。科大讯飞智慧教育产品主要分为面向地市县等区域（G 端）的因材施教解决方案，面向学校（B 端）的校内大数据精准教学、英语听说考试等，面向家长孩子（C 端）的 AI 学习机。

在 G 端业务方面，2021 年科大讯飞区域"因材施教"解决方案进一步规模化复制，落地郑州市金水区、武汉市经开区、青岛市西海岸新区、芜湖市弋江区等近 20 个市、区（县）[1]；在 B 端业务，以智慧课堂为例，老师通过智慧课堂可对学情进行精准诊断，对典型问题重点讲解，个性问题针对性讲解，从而进一步实现分层、弹性和个性化作业的布置，减少低效重复练习，提升学习效率，助力"双减"落地。2021 年，分层作业已服务于 8000 多所学校，约 12 万名教师，近 400 万名学生；在 C 端业务，2021 年科大讯飞 AI 学习机销量增长 150%，京东天猫 GMV 及销量同比增长 200%。

在科大讯飞 2021 年 183 亿元的营收中，智慧教育业务贡献了 60.07 亿元。智慧教育业务的成功实践，让 G-B-C 联动发展模式成为"根据地业务"的主流发展方向。G-B-C 发展模式正在被医疗领域复制应用。通过 G、B、C 端联动，科大讯飞不仅可以提升医生诊疗能力、居民健康、科学地防控疫情，还能够提供慢病管理、家庭医生随访，并成为每个居民的健康助手。

经过 2021 年的根据地建设，科大讯飞智慧教育、医疗、消费

---

[1]《根据地布局成效显现，科大讯飞 2021 年 40% 高增长的背后》，齐鲁壹点，2022 年 4 月 24 日

者、智慧城市、运营商、汽车智能服务等领域皆取得了非常欣喜的成果。除了稳步发展的智慧教育、医疗、消费者、运营商"老"业务之外，智慧城市业务可圈可点，2021 年实现收入 28.51 亿元，同比增长 60.74%，科大讯飞参与建设的江淮大数据中心平台在安徽省 16 个地市全部接入，汇聚数据量 1400 亿。而智能汽车业务，也有了重大突破，2021 年营收 4.49 亿元，已经达成合作车企 40+ 个，车型 1100+ 个，新增合作车型 200+ 个，定点储备增长 90%。

对于根据地的发展前景，刘庆峰表示，2022 年之后，科大讯飞的根据地业务将进入发展收获期。谈及未来的发展，刘庆峰目光坚定地表示："我们比以往更有底气实现十四五目标！"

经历喧哗与骚动后，一切归于沉静。从宏观环境来看，人工智能行业已过野蛮生长期，曾经的资本蜂拥的投资热潮，也已成过去式。那些没有找到盈利点、陷入亏损泥淖的 AI 企业，正在被资本抛弃。科大讯飞人在内外交困中，坚持技术创新与业务摸索，最终将持续盈利的"密钥"定为"根据地业务"。在渡过了营收增长焦虑之后，科大讯飞正在稳步向千亿总收入目标逼近。

笑看 BAT，荣登 AI 浪潮之巅

如今，在人工智能浪潮中，走在最前列的中国企业，不是"All in AI"的百度，也不是砸千亿建立"达摩院"的阿里，更不是打着"AI Lab"旗号深入游戏产业的腾讯，而是科大讯飞。浓厚的技术导向，让刘庆峰成了 IT 江湖笑在最后的人。

自建根据地、暗度陈仓的科大讯飞，明明活得很好，但是外界关于"科大讯飞能否活下去"的质疑却始终不停。

自 2017 年开始，就总有人拿科大讯飞和 BAT 作对比。有好事者甚至在自媒体发文攻击科大讯飞，称其 20 年构筑的壁垒，将被 BAT 一瞬瓦解。一向豪气冲天的刘庆峰在被严重攻击的时候，也难掩底气不足的一面："科大讯飞构建的技术壁垒依然存在，在某些能力上，BAT 暂时还无法企及，但留给讯飞的窗口期只有 3 到 5 年。"

5 年过去了，科大讯飞人用实力证明，自己并没有那么不堪一击！科大讯飞核心技术越来越领先，语音技术市场的 No.1 地位当仁不让，核心赛道的智慧教育、智慧医疗、智慧城市不断攻城略地，2C 产品不断迭代更新，越卖越好。BAT 曾经觊觎的，科大讯飞凭借自主硬核技术，一一守住了！

让我们回顾一下，那些年，科大讯飞和 BAT 都有哪些明争暗斗。

（一）语音技术之争

2017 年 11 月 22 日，头顶"人工智能第一股"的光环，科大讯飞的市值一度突破 1000 亿元大关。11 月 30 日，百度快速做出反击，宣布语音技术全系列接口永久免费开放，一夕间，媒体炸锅，纷纷热议百度剑指科大讯飞。科大讯飞在中文语音技术市场已经占据 70% 以上的市场份额，这等于直击要害。除此之外，还与高通在芯片领域进行合作，不少合作者也开始舍弃科大讯飞而投向百度。

面对百度的突然袭击，刘庆峰的回应是，"（语音技术）这个市场，不是谁免费，谁就可以赢。最终胜出的，是帮助开发者真正解决应用问题的平台。"

尽管如此，但客户流失却是事实。

百度开了头之后，腾讯和阿里也出击了。阿里云、腾讯云小微也都开放了语音识别、视觉识别等 AI 技术。另外据媒体报道，腾讯 QQ 自 2006 年起就是科大讯飞的客户，但腾讯逐渐将所有语音端装上了自己研发的 AI 技术；而阿里的淘宝、支付宝电话客服质检、天猫精灵、优酷、虾米音乐等这些昔日客户，也都应用了自己的语音技术。就连一直靠科大讯飞语音技术支持的搜狗也趁乱完备了自己的语音团队，推出了语音实时翻译技术。还有创业公司思必驰、出门问问、Rokid 等也纷纷加入战局，试图把科大讯飞剿灭。

这一次围剿最终以失败告终。2017 年年底，科技部公布的首批国家人工智能开放创新平台名单中，科大讯飞名列其中。官方出手后，科大讯飞成了重点保护对象。

（二）AI 赛道之争

眼见快速团灭不行，开始加紧布局，试图在科大讯飞活跃的赛道逐一狙击。这一次，BAT 换了一种打法：利用自己的生态优势，布局 toB（企业）和 toG（政府）市场。

以智能司法赛道为例，全国共有 2 万多家法院，为拿下一家法院，通常要经过多轮 PK。在部分法院，每星期要 PK 一轮。有时，一个项目要跟进半年到一年。BAT 没有进入的时候，科大讯飞报价较高。一名阿里云内部人士在接受媒体采访时表示，阿里在多个法院测试中都 PK 掉了科大讯飞。在阿里、腾讯互联网企业进入司法领域后，科大讯飞同类型产品报价比之前狂降一半。阿里云的语音技术后来居上，渗透进去的法院和法庭，是科大讯飞的两倍，而入局更晚的腾讯则和科大讯飞持平。

对于 BAT 咄咄逼人的生态之争，刘庆峰的回应是："我们在教育、医疗、司法、汽车、客服等领域有很强的'护城河'，竞争对手短期内难以超越。比如在教育领域，科大讯飞的智学网已经覆盖全国 13000 所学校，全国已经有三分之二的百强校在使用，我们更多考虑'应用是硬道理'，把市场激活。"

的确，科大讯飞在垂直领域里起步较早，比较领先，尤其是教育领域，科大讯飞已经建立了一定的隔墙，BAT 短期内要想超越，实属不易。但不可否认的是，在医疗、司法、汽车、客服等领域，刘庆峰所言的"已经建立护城河"，还有待商榷。仅仅是自动驾驶，就有一大堆玩家，初创公司和 BAT 都在做，科大讯飞能做的只有死守加发力，挑战不容忽视。擅长通过平台通吃的 BAT，在垂直领域能够展现更多优势。相比什么都要自己研发的科大讯飞，BAT 可以用雄厚的资本实力购买技术而后来居上。

但对此，刘庆峰依然抱有信心，毕竟场景落地需要周期，在 BAT 追赶的过程中，科大讯飞不会坐以待毙。相反，科大讯飞强化了"平台 + 赛道"模式。2021 年 10 月 24 日"程序员节"当天，科大讯飞举办了自己首个开发者大会，宣布拿出一笔"10.24 亿元"的基金，扶持平台上的开发者来做生态。

（三）toC 之争

在创业初心和 BAT"围剿"的双重作用下，刘庆峰宣布，科大讯飞今后向 C 端发力。他曾经在湖畔大学上宣布，"光做 toB 不行，一定要做 toC 把想象空间打开，未来 toC 业务收入要占半壁江山"。随着科大讯飞语音交互技术的不断落地，刘庆峰距离最初的梦想越来越近。

科大讯飞想在 toC 业务占半壁江山，这让 BAT 更无法容忍，要知道，toC 是阿里和腾讯的主战场。科大讯飞与京东联合成立灵隆科技，开发国内最早的智能音箱——"叮咚"音箱。没等"叮咚"音箱在京东商城起量，阿里就火速推出了智能音箱"天猫精灵"，"天猫精灵"本身比"叮咚"音箱定价低，在"双十一"阿里更是进行了巨额补贴，以低于成本价销售，仅双十一一天销量就达到 100 万台，超过了"叮咚"音箱的总销量。

在技术识别相差不大的情况下，BAT 通过大规模补贴进行推广，科大讯飞的市场地位不难想象，毕竟以科大讯飞的实力，是不可能进行大规模亏本销售的。BAT 进场虽晚，但在流量、应用场景、资金实力等方面先天的场景落地能力，是科大讯飞远远不能比拟的。这就是科大讯飞将 toC 业务重点布局海外市场的一个原因所在。

可以说，面对科大讯飞在人工智能领域的异军突起，BAT 进行了全面的降维打击。面对互联网巨头的"围剿"，刘庆峰泰然视之，在他看来，这一天迟早会来。人工智能已经进入了下半场竞争，从"人无我有"的阶段切换到"人有我优"的竞争阶段。从科大讯飞早期的布局来看比较有前瞻性，且在技术经过 20 余年的积累也具备了一定的优势，没有理由惧怕 BAT 的挑战。

事实上，熟悉刘庆峰和科大讯飞的人知道，科大讯飞一开始对标的就是谷歌、微软、IBM 等国际巨头。他很感激人工智能时代的到来，让他可以与同期创业的 BAT 正面交锋，以报被遮挡 20 年光辉之仇。

刘庆峰多次呼吁企业家："不断超越，不断做全球第一！"他的"理想国"，是驶入 AI 技术的无人区，登顶 AI 浪潮之巅，因此，BAT 的挑战，只会让他越战越勇。

在最好的时候主动"退位"

> 科大讯飞进入高速运转期之后，刘庆峰适时"退位"，把总裁接力棒正式交给了轮值总裁吴晓如。与此同时，另外两位轮值总裁胡郁和陈涛也被迫"辞职"。表面的"人事震动"，不过是战略大师刘庆峰又下的一盘大棋而已。

2021 年 2 月 8 日，刘庆峰正式辞去总裁职务，由轮值总裁吴晓如正式接棒科大讯飞总裁。吴晓如从 2007 年 4 月担任副总裁，担任高管 14 年了，同时担任武汉讯飞兴智科技有限公司执行董事、北京讯飞乐知行软件有限公司董事长、合肥讯飞读写科技有限公司执行董事、安徽东方讯飞教育科技有限公司执行董事、讯飞华中（武汉）有限公司执行董事、广州讯飞语畅有限公司执行董事等职务。

吴晓如已经完成第三次轮值，刘庆峰对外表示："（吴晓如）当独立总裁的时间已经成熟了。"

而刘庆峰从总裁职务退位后，继续担任公司董事长及战略委员会主任委员，将更多精力用于发展战略、人才培养以及公司核心机制建设。就在辞职的当天，他宣布科大讯飞正式进入 2.0 时代，未来 5 年的奋斗目标是"用户十亿，收入千亿，产业生态万亿，成为中国人工智能产业的领导者"。

半年后，战略委员会的另两位重要成员也离职了。9 月 27 日，科大讯飞发布公告称，董事、副总裁胡郁和陈涛因打造更完整人工智能产业生态的需要，向公司董事会申请辞去相关职务。

两人和吴晓如一样，过去在担任科大讯飞董事、副总裁的同时，还兼任讯飞多家子公司执行董事或董事长。2016 年，胡郁任消费者事业部总裁，主要负责讯飞核心研发平台、消费者事业群业务；陈涛任智慧城市事业群总裁。2019 年，科大讯飞进行组织架构调整，成立了行业战略发展委员会、消费者战略发展委员会、运营管理委员会，此前分管三大事业群的三位轮值总裁不再分管特定的事业部，改任三个委员会主任一职。其中，胡郁担任公司消费者战略委员会主任，对事业群发展进行战略性引导和部署，包括业务前进方向、竞争态势分析、人才梯队建设、文化塑造等。陈涛出任科大讯飞战略运营委员会主任。

那么，他们去向了哪里呢？在科大讯飞宣布两高管辞任当天，新任命书就已到位。

陈涛来到了言知科技。在 9 月 26 日言知科技举行的工作会议上，刘庆峰宣布任命陈涛为言知科技副董事长。该公司由刘庆峰于 2019 年出资成立[1]，是一家人工智能应用创新领域投资控股公司，重点孵化培育人工智能方向的创业项目公司。天眼查显示，言知科技由科大讯飞管理团队控股，安徽省与合肥市政府基金共同参与，刘庆峰是实际控制人。另外，言知科技目前持有科大讯飞 2.31% 的股份，是科大讯飞的第五大股东。

胡郁则去了聆思科技。为应对 BAT 的竞争和挑战，科大讯飞需要打造更完整的人工智能产业生态。在"缺芯"的大背景下，随着众多 AI 企业下场造芯，科大讯飞也开始布局芯片业务。成立于 2020 年的聆思科技，由言知科技控股。聆思科技是讯飞"云端芯"战略中芯

---

[1]《科大讯飞两副总"辞职但没完全辞职"，去芯片团队打拼或与讯飞同台》，红星资本局，2021 年 9 月 29 日

片环节的重要合作伙伴，专注于研发人工智能芯片及解决方案。作为科大讯飞的元老级人物，胡郁出任聆思科技董事长之后，将从战略规划、产品研发、商业模式、募集资金等领域推动聆思科技发展。

有人说，科大讯飞这么晚才入局芯片业务，这不是要给胡郁难堪吗？

刘庆峰这样告诉媒体："芯片是胡郁的专长，也是他多年的心愿。"

在刘庆峰看来，语音的入口级芯片其实是一个通用技术，核心在于语言软件能否在最小运算空间、最小耗电基础上实现最好的效果；此外，产业定位是否准确、如何针对芯片的各种应用场景做深度裁减，才是关键，"早一步晚一步并没有那么大的差别"。

有人说，刘庆峰逼着老将离开舒适区，堪比腾讯的"赛马机制"，将权力下放，通过内部的良性竞争，让子公司或产品线倒逼公司改革和创新，同时让员工以主人翁精神参与企业的发展。刘庆峰就宣称："言知和聆思既可能会与讯飞形成竞争，也会与讯飞协同参与整个行业的竞争。"

将自己的 3 位老将重新腾挪安排，刘庆峰无疑是下了一盘大棋。科大讯飞如果只是一家 AI 公司，想象空间有限；一旦布局生态链，将产业链上下游协同起来，就能够打破增长天花板。这将是 BAT 和国际巨头谁也阻挡不了的。

纵观商界，很多企业家会犯这样的错误：因为过于贪恋权位，成为企业成长的最大障碍。因此当企业家取得了世俗意义上的成就的时候，很容易被身边人当作神一样地去尊崇和崇拜。如果企业家自己不能把自己的位置摆正，很容易陷入自我造神的困境，接下去的企业演化，要么是停滞不前，要么是分崩瓦解。技术出身的刘庆峰，在科大讯飞进入高速发展期，适时"让位"，让自己精心培养的接班人上位，有效避免了科大讯飞发展后劲不足的隐患。

启示：长期价值 + 源头创新 + 实用主义

在 BAT "围剿" 5 年后，科大讯飞像个 "打不死的小强" 一样，越被追赶，越发有为。为什么呢？有三点很重要：

（一）长期价值

美国当代杰出的组织理论、领导理论大师沃伦·本尼斯，曾是四任美国总统的顾问团成员，并担任过多家《财富》500 强企业的顾问，他曾对美国 90 位杰出和成功的领导进行了研究，最终发现了这些领导人有四个共同的特征：

令人折服的远见和目标意识；

能清晰表达这一目标，使属下明确理解；

对这一目标的追求表现出一致性和全身心投入；

了解自己的实力。

在这四个共同特征里，令人折服的远见和目标意识是排在第一位的，可见，企业家洞察力对企业发展的极端重要性。

一般的人依靠资源驱动，他们的思维模式是这样的：因为手头有这些资源，所以我能干成这些事情。而洞察型领导者是依靠机会驱动的，他们的思维方式是这样的：未来会有这样的机会，需要什么样的资源，作为企业还需要去获取哪些资源。

刘庆峰显然属于洞察型领导者，无论是遭遇疫情危机，还是被美国列入 "实体名单"，甚至被 BAT 围追堵截，他始终没有把眼前的困难阻碍作为最大的对手，而是始终把长远未来视作前进的唯一方向。这种长期价值主义，是科大讯飞能够笑到最后的精神支撑。

（二）源头创新

雷蒙德·迈尔斯和查尔斯·斯诺在《组织战略、结构和方法》一书中，将企业战略分为四种类型：

一是防御者：作为成熟行业中的成熟企业，采用高效生产、严格控制、连续、可靠的手段，努力寻求保护自己的市场地位。

二是探索者：致力于发现和发掘新产品和新市场机会的企业。它的核心技能是市场能力和研发能力，它可以拥有较多的技术类型和较长的产品线。

三是分析者：既能规避风险同时又能够提供创新产品和服务的企业。它致力于有限的一些产品和技术，以质量提高为手段，力争超越竞争对手。

四是反应者：这一类是既缺乏适应外部竞争的能力，又缺乏有效的内部控制机能的企业，它没有一个系统化的战略设计与组织规划。

迈尔斯和斯诺认为，没有哪一种战略是绝对最好的，企业所采取的战略应与所处的环境、技术、结构相吻合，如此就能够取得成功。

在不确定时代，尤其是在全球经济形势受到严创的形势下，未来越来越不确定性、越来越易变、越来越不可预测，这个时候，防御者和反应者的生存会非常艰难，探索者和分析者的适应能力会更加突出。组织被动地适应变化，将永远跟不上变化，唯有主动出击、变中求胜，才能真正地创造光明的未来。

刘庆峰在应对不确定时期为科大讯飞制定的战略，集探索者和分析者为一体。可以说，他抓住了竞争的根本：在源头创新超越对手。当然，占领科技高地，他不是说说而已。为了真正做到AI领域的技术大牛，刘庆峰不惜花重金招聘技术人才，还呼唤科大讯飞百万技术大军，要有中国氢弹之父余敏当年造氢弹的精神，去埋头苦干实干。

在源头创新上死磕，是科大讯飞能够笑到最后的底气所在。

（三）实用主义

西点军校有句很著名的话：

Strategy without tactics is the slowest route to victory.

Tactics without strategy is the noise before defeat.

翻译成中文是"策无略无以为恃，计无策无以为施"，它的意思是如果去打仗，你的战略很好，但没有战术、排兵布阵，军队没训练好，走向成功的路会很漫长。如果只有战术，没有战略，那你做得再花哨，再轰轰烈烈，却很可能一直在背道而驰。战略和战术必须是相辅相成的，企业经营中，领导者首先要根据外部大环境以及未来的发展趋势，结合自身情况制定一个战略，然后基于这个战略根据当前情况，利用一切可以利用的资源制定一系列实施战术。

在战术上刘庆峰有意避开 BAT。在 BAT 难以切入的教育领域，科大讯飞把长板尽可能做长，确保对手无法"染指"；在 BAT 容易切入的战场，科大讯飞能守则守，守不住的就撤退，绝不把战线拉得过长，而是尽可能聚焦；在 BAT 优势凸显的消费市场，科大讯飞则远走他乡。总之，在和 BAT 的地面竞争中，我们可以看到刘庆峰异常务实的一面。这种谨慎务实的实用主义是科大讯飞能够笑到最后的战术支撑。

第十章

企业家魅力

  在创业家这个标签之外，刘庆峰还有五重身份：热衷比赛的竞技选手、爱好"攀登"的运动爱好者、热心帮助创业者的天使投资人、努力走出舒适区的社交家、耿直的团队领袖。作为"知本家"代表人物，刘庆峰不拼人设，不拼格局，不拼铁腕……只拼完整人格。"最不像企业家的企业家"刘庆峰，以其独特的魅力，让科大讯飞从默默无闻走到了今天。

"竞技型人格"企业家

刘庆峰自称天生的竞技型人格，在他的影响下，科大讯飞人莫不如是。"科大讯飞最早的基因里就有对创新的追求，就有参与竞争的勇气以及用源头技术创新改变世界的决心。这就是科大讯飞成功的基因。"

1999 年 6 月 9 日创业的时候，刘庆峰没有追逐浪潮，而是选择了尚处于发展寒冬期的人工智能。

"如果说创业是时代洪流的推波助澜，那么人工智能就是我们逆流而上选择的结果。"

选择冷门行业的代价就是一直坐冷板凳。在 IT 大佬竞相改变中国的这些年，刘庆峰和科大讯飞就像躲在互联网角落的蘑菇，独自成长，却鲜有知晓者。

直到 2017 年年底，"18 岁"的科大讯飞才迎来自己的机会，入选我国首批四大人工智能开放创新平台，并承建了我国首个认知智能领域的国家级重点实验室。本以为"一朝成名天下知之"后，会迎来乘坐直升机般成长，没想到迎来更多的是质疑、批判、泼墨。

长达 23 年的坚持与奋斗，说实在这不是一般人能够做到的。那么，是什么让刘庆峰坚持这么久呢？这个看起来斯斯文文的技术派创业者说：

"我是天生的竞技型人格。我想不仅是我，科大讯飞人都是如此，科大讯飞最早的基因里就有对创新的追求，就有参与竞争的勇气以及用源头技术创新改变世界的决心。这就是科大讯飞成功的基因。如果怯于竞争，我想就不会有今天的讯飞。"

关于竞技型人格的特征，刘庆峰这样解释：

"我是越在压力的情况下，越能释放出自己的潜力，就像以前考试，比如我们在高中的时候做特别难的题目，有些人如果老师在旁边看着他，他的思维就会紧张，就会做得慢，我是越有人盯着我看，我越兴奋。"

"我记得我在上大学的时候，和很多同学说过，最兴奋的事情就是参加比赛，因为我们要拿第一，要超过中国最好的大学和机构，当然后来我们和他们的大多数都在合作。我觉得这种不畏竞争、挑战权威、勇争第一的习惯是中科大基本的办学理念；在科大讯飞的园区，有一座雕塑，两头牛顶着一个地球，我们现在叫它顶天立地，最早叫扭转乾坤。这样的价值观是一路传承下来的。"

喜欢参加比赛，在强烈求胜欲的驱使下，压力面前不但没有紧张感，反而更兴奋，大概这就是刘庆峰所说的竞技型人格的最大特质。

当初，语音学大师吴宗济说，中文语音技术应该掌握在中国人手里，自己的母语被老外的公司掌控，这成什么体统？这是很多人都看得到的问题，但是没有人愿意做这件事。在国际语音巨头的高工资诱惑下，我们的技术人员纷纷去了外企。

"我愿意去改变这种状况，把语音技术牢牢掌握在自己手中！"于是，读博士二年级的刘庆峰开启了自己的创业历程。他一心要做的是，改写中国语音市场格局。

竞技型人格首先需要的是一个强有力的对手，就像拳击手一样，先有个对垒的，才能互殴；又好比射击，得先有个靶子，才能练习。

刘庆峰最开始找的对手是语音龙头 Nuance，在创业 1.0 时代，科大讯飞做得更多的就是以 Nuance 为赶超对象，死磕语音技术。科大讯飞频繁参加国际比赛，就是要证明自己在技术上可以超越 Nuance。直到有一天，国际上公认，英文语音合成技术，科大讯飞世界领先，这时候是刘庆峰最兴奋的时候："我们掌握了他们的母语合成技术！"

竞技型人格在打败一个对手之后，会寻找下一个目标，不断挑战，永不停歇。继 Nuance 之后，科大讯飞的对手越来越多：微软、IBM、谷歌、百度、腾讯、阿里巴巴……随着越来越多的人"插足"语音领域，刘庆峰不是压力越来越大，而是越来越兴奋。对手越多，意味着竞争越来越刺激，那么最终胜出者就越闪耀。

竞技型人格对于"观众"的态度则是：围观者越多，他们越兴奋；噪音越大，他们越集中；嘘声越多，他们越是要对抗到底。

在刘庆峰创业过程中，质疑声一直不断。最早是来自团队，第一款产品"畅言"遭遇了滑铁卢，就有人建议改行做房地产，刘庆峰压力很大，但却很坚定："如果不看好语音，请走人！"既然参与了一项游戏，就要胜出，不存在半道退出。

内部安静后，外部质疑声来了：科大讯飞到底能不能盈亏平衡？"一家公司不能赚钱，简直就是耻辱！"刘庆峰从程序员老大化身公司老大，正式把增收当作第一要务，接下来就有了科大讯飞的上市。

2009 年，科大讯飞 10 周岁，刘庆峰带领大家做了一件事：在园区种下"创新树"。

上市后科大讯飞的"观众"越来越多，看笑话的"黑粉"也跟着越来越多。尤其是人工智能浪潮来了之后，很多人都说科大讯飞"是打着 AI 幌子骗补助的伪科技公司"。为了验证自己的实力，科大讯飞人自乱阵脚，建议尽可能增加"AI+"项目，把业绩搞起来再说。但是，刘庆峰这时候却异常冷静：掌握源头技术，才是制胜的关键。只有核心技术具备话语权，企业才有话语权；只有国家和行业在核心技术上有影响力，这个国家才可能在全球有影响力。

开放的浪潮扑面而来，永远会有更新的事物、更大的挑战，这也就意味着必须持续攀登才能勇立潮头。人工智能时代充满不确定性，现阶段可能确实面临一些困境，但人工智能底层技术一旦有重大突破，就会对社会带来颠覆性变革，这一点毋庸置疑。

在这场前所未有的大竞争面前，刘庆峰也表现出了前所未有的耐心，他像非洲大草原上静静守望遥远猎物的雄狮一样冷静。竞争对手的挑衅，别有用心者的搅局，股东急功近利的期望，都没有让他分心。他耐心地等待着科大讯飞实现奇点式技术突破。

是的，竞技型人格最在乎的不是对手，不是"观众"，而是"技术"本身。对奇点式技术突破的着迷，是他们一往无前的最强动力。

热衷锻炼的"登山客"

作为中国二代企业家，和初代企业家们崇尚为企业献身所不同的是，刘庆峰认为，为事业可以有所牺牲，但还是要保留工作之外的业余爱好。身体是革命的本钱，刘庆峰一直强调身体锻炼的重要性。他喜欢打羽毛球、打乒乓球、游泳，尤其喜欢爬山，全员登山是科大讯飞每年司庆的"保留项目"。他觉得登山和创业一样，在开始缓坡时有的人会跑得很快，之后进入艰难的爬坡期会很难受，但坚持下来，就会由难受状态变成通透的状态；到了山顶，一览众山小。

2019年6月9日，科大讯飞成立20周年，刘庆峰发了一条朋友圈：

20年转瞬即逝！选择在昨天下午讯飞登山比赛后发出这封信，是因为产业奋斗就像登山过程：途中不怕慢、就怕站，坚持下去就会有惊喜。唯有脚踏实地才能平安登顶，心浮气躁就会摔跤打绊，登上眼前的山，方见更高的峰，享受登山过程，才不会高山仰止！回望过去，源于热爱的初心让我们坚守了20年。展望未来，因为预见而更加坚定！感谢一路风雨同舟的小伙伴，感谢肝胆相照的合作伙伴，感谢鼓励鞭策的各界朋友！新的时代正在开启，期待与你们继续一路同行！

类似的话，刘庆峰在接受媒体采访时也不止一次说过：

> 很多人都知道，我喜欢爬山，全员登山也成为科大讯飞每年司庆的"保留项目"。它和我们创业的过程一样，在开始缓坡时有的人会跑得很快，之后进入艰难的爬坡期会很难受，但坚持下来，就会由难受状态变成通透的状态；到了山顶，一览众山小。[1]

身着正装、戴着半框眼镜、长着一张娃娃脸的刘庆峰，乍看上去很难和登山爱好者、长跑爱好者扯上关系。但事实上，只要时间允许，他都会去登山或长跑。刘庆峰的家离讯飞大厦很近，之所以住在附近，就是为了可以在下班后尽快到家，在劳累的时候尽快切换到运动模式。

干累了就爬山去，这个习惯，刘庆峰坚持了很多年。2004 年，科大讯飞搬迁至黄山路。自此之后，附近的合肥大蜀山就成为他经常出没的打卡地。"蜀山春晓"是著名的"合肥十景"之一，蜀山森林公园是合肥市近郊生态环境最好的区域之一。蜀山漫山遍野苍松翠竹，郁郁葱葱，苍翠欲滴，群鸟相伴优游林间，草虫相约卿卿我我。在这里，刘庆峰不知不觉间就会进入超然物外的境界，工作的压力顿时烟消云散。几乎每周他都会在山中慢跑 2、3 次，实在太累，也会散步半小时以上。他坦言："速度并不重要，保持身材也是其次，但出一身汗、克服身体疲态后的感觉让我着迷。登山和其他运动的最大不同，（就是）任何人都没法在这项运动中偷懒。一般来说前几分钟会很轻松，很多人会跑得很快，之后进入一个艰难的爬坡期，会很难受，当你坚持下来，慢慢感到身体机能正常，突然就会觉得全身通透和舒服，到山顶一看，一览众山小，山下山风吹着……"

正是基于这样的体验，他才把爬山列为科大讯飞的"保留项目"——每年公司周年庆，把员工拉到合肥大蜀山，来一场比赛。在每年司庆登山比赛中，刘庆峰都坚持亲自点燃火炬领跑。

---

[1] 正和岛岛邻 2018 年 8 月采访刘庆峰时语，张沛 鲁玉整理

和其他把 996 挂在嘴边的科技公司不一样的是，科大讯飞总是想着法子鼓励员工多运动。因为在科大讯飞，聚集了一群刘庆峰的"同类"。编码出身的他，太清楚这项整天对着屏幕的工作有多枯燥、有多伤身体。将心比心，他希望每位技术人员都在这里健健康康的。

"2008 年金融危机有客户来参观，走的时候说，现在很多公司都开始'不务正业'，你们讯飞都在干活，我对你们有信心。"刘庆峰说，"也是从这时起，我们决心让讯飞成为健康、阳光、对社会有积极贡献的公司，就连办公楼也想打造得通透、会呼吸。[1]"

近年来，过劳死时有发生。2015 年 3 月，36 岁 IT 男张斌猝死于酒店马桶上；2016 年 6 月，34 岁天涯社区副主编金波在北京地铁上晕倒，经施救无效离世；2016 年 10 月，44 岁春雨医生创始人兼 CEO 张锐因过度劳累，突发心肌梗塞去世；2018 年 12 月，大疆无人机 25 岁程序员，哈工大刚刚毕业的硕士，猝死家中；2019 年 1 月，36 岁的华为工程师，在肯尼亚过劳死……在刘庆峰看来，这样的悲剧，对于高科技企业来说，简直就是耻辱。于是他更加注重科大讯飞的"体育建设"。

为了避免员工过度加班，科大讯飞不止一次对加班文化说"不"，但基于赶项目进度，依然还有"连续一个月不休息""在公交站台睡着""凌晨两点一边测试一边哄娃"等行为时有发生。公司上市后，营收能力始终没能做到让股东满意，公司上下依然保留刘庆峰创业时期的奋斗者精神，这种自动自发的加班现象，他看在眼里，急在心里，只能督促人力资源部门多举办比赛，逼着员工去运动。

科大讯飞每年 8 月会要求员工利用上班时间上体育课。在科大讯飞，员工想要考职称、加工资，体育不及格是不行的。为了鼓励大家运动，公司办了很多协会，比如羽毛球协会、网球协会、登山协会、足球协会等。

---

[1] 语出科大讯飞官方公众号文章，20 年初心重走：讯飞少年创业指南，2019 年 6 月 12 日

在科大讯飞，最不缺的就是运动场所，公司 A1 楼有专业级的羽毛球室，在这里举办的一年一度的讯飞羽毛球比赛，是讯飞最热闹的赛事。刘庆峰和总裁吴晓如都是羽毛球爱好者，他们经常在比赛中"露一手"。羽毛球协会作为科大讯飞活动最多的协会，不仅有年赛，固定还有每周组织两次活动。所以，基层员工想看到一把手的身影，在这里很容易遇到。

科大讯飞 A2 楼 3 层有一个巨大的台球室和露天运动场，尤其是台球室，堪称公司中午人气最旺的地方。每天午休的时候，不少程序员都会趁机来此锻炼一下身体，然后精神百倍地投入下午的编程中。

讯飞足球协会成立于 2013 年，已组织参加正式大小比赛 50 余场，并且还连续两年获得了合肥市高新区杯球赛的季军。讯飞篮球协会2014 年正式成立，其前身是科大讯飞篮球队"飞鹰战队"，每天午休时、下班后程序员就会在球场卖力灌篮。

"巧合"的是，这些运动项目，都是刘庆峰的强项。刘庆峰曾经在接受安徽商报采访时骄傲地回忆："我在大学时身体很好，1000 米 3 分十几秒，满分。喜欢羽毛球、乒乓球、游泳、爬山。还特别喜欢下五子棋，曾一人对九人下过。还喜欢算 24 点，几乎没人赢我。这些都是轻松、不太花时间的娱乐游戏。在初中、高中时喜欢武侠小说，金庸的小说都看过好几遍。大学本科毕业至今，我游戏的时间加起来不会超过三天。我在本科时就说，要把学习搞好，要把身体搞好。说起来自己也觉得对整个人生有点功利。人分两种，一种是理性的人，一种是感性的人。我大概是理性强一些，感性弱一些的人，说白了就是欣赏能力相对偏差的人，没有什么艺术细胞，只是对环境、事物有些基本的审美要求和感受。"

以己推人，刘庆峰希望科大讯飞人都能把工作和身体兼顾好。和"为公司鞠躬尽瘁"的企业家不同，刘庆峰希望自己能够在承担企业家责任的同时享受到普通人的快乐：

做企业牺牲掉了许多个人生活。现在我就是想着有两条千万不能牺牲掉，一是身体，二是个人爱好。

多看几步棋的天才投资人

在创业之外，刘庆峰还有一个身份：天使投资人。芯片独角兽寒武纪，当初找人投资的时候，无人愿意投资，大家都不相信寒武纪能做出高精尖的芯片。不过刘庆峰却认为，未来 5-10 年人工智能可能爆发，科大讯飞砸了 1000 万元。

2020 年 7 月 20 日，又一个"科技造富"神话诞生：AI 芯片独角兽企业寒武纪在科创板上市，上市首日开盘大涨 288%，总市值一度突破 1000 亿元。在寒武纪创始人陈天石、陈云霁的上市"感恩名单"里，就有刘庆峰。两者有何渊源呢？

寒武纪是由中科院计算所孵化出来的一家初创公司，于 2016 年创办，前身是中科院计算所 2008 年组建的"探索处理器架构与人工智能的交叉领域" 10 人学术团队，所以中科院计算所所长孙凝晖将寒武纪公司称为"中科院计算所在处理器与人工智能交叉领域超前布局的结晶"。2015 年，该团队发布了全球首个深度学习专用处理器芯片"寒武纪"，随后以此为名成立了公司，寓意是借地球史上寒武纪的"生命大爆发"，来憧憬即将迎来的"人工智大爆发"。

寒武纪能够快速上市，与华为的合作有很大关系，这又离不开梁军的牵线搭桥。寒武纪首席技术官梁军，是陈天石、陈云霁从华为挖来的。在寒武纪之前，梁军在华为公司工作了 17 年。2000 年至 2003 年，就职于华为技术有限公司北京研究所，任工程师。2003 年至 2017 年，任职于华为海思半导体，先后负责网络芯片架构设计、手机 SoC 芯片设计及团队管理。

陈天石、陈云霁均毕业于中科大少年班。哥哥陈云霁 1983 年出生，14 岁即考进中科大少年班，19 岁转入中科院计算所硕博连读，24 岁便取得计算机博士学位。弟弟陈天石 1985 年出生，16 岁时考入中科大少年班，后跟随同样是少年班出身的姚新老师主攻人工智能。哥哥博士主攻计算机芯片，弟弟博士主攻人工智能算法。

2010 年，陈天石从中国科学技术大学计算机学院博士毕业，在哥哥的牵线下，进入中国科学院计算技术研究所工作。当时陈云霁正负责龙芯项目，陈天石就建议：将 AI 和芯片结合在一起。于是，人工智能 + 芯片的"AI 芯片"（神经网络处理器）就这样诞生了。[1]

当时寒武纪找过多家投资机构，但无人愿意投资：第一，大家都不知道 AI 芯片究竟是什么东西；第二，大家不相信寒武纪的几个毛头小伙子能做出高精尖的芯片，毕竟国外芯片业已经非常成熟了，这时候再搞创新弯道超车是有难度的。

绝望之际，陈天石找到了师兄刘庆峰。没有人比刘庆峰更清楚 AI 创业者的艰辛了：资本看好人工智能的未来，但是它们没有耐心等着创业者攻克人工智能底层技术。作为师兄，刘庆峰愿意无条件提携一把自己的师弟。当然，他对中科大少年班出来的人才充满自信。中科大少年班有"天才集中营"之称，一大批人才从这里走出来：最年轻的哈佛大学教授尹希、获得"麦克阿瑟天才奖"的生物物理学家庄小威、百度前总裁张亚勤……他们用实力证明，中科大少年班出身的技术水平都没有问题，他们只是缺乏展示实力的机会而已。

[1]《江西南昌 80 后首富陈天石，和哥哥一起携手创业，如今身价 110 亿元》，领袖财经，2022 年 6 月 5 日

　　陈天石也确实证明了自己的非凡实力：寒武纪发布的第一款产品"1A 处理器"，做到了比苹果公司同期发布的 A11 智能芯片"更快"，每分钟识别 2005 张照片，远远超过 A11（每分钟识别 889 张照片），从而被华为旗舰机 Mate10 麒麟 970 芯片所采用。

　　当陈天石拿着被投资人嫌弃而不自知的 PPT，缺乏底气地向刘庆峰介绍 AI 芯片的未来时，刘庆峰想起了自己当年向郭广昌提案的尴尬情形。他二话没说就答应了陈天石：

　　"我投 1000 万元！"

　　在刘庆峰 1000 万元的示范下，另一位校友洪亦修也投资了寒武纪。很快，寒武纪又吸引到古生代创投 3000 万元和谨业投资 1000 万元，从而完成了天使轮融资。过了最艰难的一关，后面的融资就顺利多了。

　　2017 年 8 月，寒武纪正式启动 A 轮融资，得到了国科投资 1.5 亿元投资和古生代创投、谨业投资的跟投。

　　国科投资全称为"中国科技产业投资管理有限公司"，其前身是 1987 年设立的国家经委、中国科学院科技促进经济发展基金会，1993 年名称变更为中国科技促进经济投资公司，2006 年改制为有限责任公司并更为现名。国科投资是中国科学院国有资产经营有限责任公司控股、国务院国有资产监督管理委员会机关服务中心和北京国科才俊咨询有限公司参股的专业投资管理公司，主要从事私募股权投资基金管理和财务顾问业务。

　　从此，寒武纪一路受到资本追捧。到 IPO 之前，身后已经云集了 32 家知名投资机构，这些机构投资额少则上千万元，多则数亿元，最高的达到 12 亿元。

　　万事开头难。可以说，是刘庆峰的投资"破冰"，为寒武纪插上了腾飞的翅膀。

　　创而优则投。企业家在创业成功后转为天使投资人，并不新鲜。除了投资过刘庆峰的柳传志之外，还有很多，比如马化腾、雷军、孙正义这些创造了庞大商业帝国的互联网界教父，都投资过许多创业者。

234 | 用技术说话：中国 AI 产业的科技创新之路

雷军曾坦言自己做天使投资的原因：一是因为报恩，二是因为喜欢。报恩是因为柳传志曾投给金山 450 万美元；喜欢是因为"我不在乎项目是什么，我认为中国创业市场上，缺的是执行力而不是主意"。

刘庆峰做天使投资的动机，可以说和雷军如出一辙。一方面是报答柳传志之恩，也有接力柳传志之意；另一方面是将心比心，帮助更多有创业梦想的人。当然，他和雷军的投资原则也很接近：只投资熟人。他所投资的创业者多是中科大出身的技术人员或者自己的老乡。比如，刘庆峰投资过的另一家公司——三人行传媒的创始人钱俊冬，就是他的老乡，安徽省无为市人。

爱社交的知本家

> 刘庆峰在不同时期，结识了不同的贵人：导师王仁华、学者吴宗济、中国互联网络信息中心（CNNIC）原主任李晓东、柳传志、雷军……他的经历充分验证了：真正的人脉不是你认识的人有多少个，而是有多少人想和你结交；不是你和多少名人打过交道，参加过多少成功人士的饭局，而是有多少人愿意主动和你打交道。

从当初"头脑简单"的理工学霸到"识变从宜"的 AI 教父，刘庆峰一路上得到了无数贵人的帮助。

2000 年，科大讯飞陷入资金短缺窘境，团队面临散伙，刘庆峰找言丰科技收购，对方婉拒了。他又找了几家投资机构谈收购事宜，结果被嫌弃"合肥太偏了"。最后，刘庆峰带着江涛去找郭广昌，他们用厚重的东芝笔记本，磕磕巴巴地讲解了"畅言 2000"语音控制听音乐、开浏览器、上网等功能，郭广昌听得直皱眉。刘庆峰急得直冒汗，越急越出差乱，东芝笔记本居然不受控地乱讲起话来！

现场一度冷到冰点，刘庆峰和江涛面面相觑，一时间不知道怎么给郭广昌解释。郭广昌毕竟是大佬，耐着性子看他们折腾完。

刘庆峰自觉没戏，就带着江涛灰溜溜回合肥了。然而，郭广昌最终还是投资了科大讯飞。2000 年 12 月之后，郭广昌一直是科大讯飞第一大股东，直到中国移动接手。

前面讲过，柳传志是刘庆峰的"忘年交"。柳传志有多看好刘庆峰，我们从一个细节就可以看出：在联想投资所投资过的企业中，柳传志作为联想投资董事长，只出席过一次签约仪式，那就是 2001 年与科大讯飞的签约仪式。

当初科大讯飞能走出亏损窘境，与联想投资的几位早期创业成员的帮助直接相关。比如，鉴于刘庆峰没有太多带队伍经验，联想投资的两位负责人——朱立南和陈浩，就亲自从北京坐火车到合肥，手把手教科大讯飞的高层如何管人，科大讯飞从"草台班子"变身"正规军"；再比如，看到科大讯飞的财务体系充满漏洞，联想投资就派集团财务经理帮助科大讯飞理清账目，并建立规范化绩效管理和定制化财务系统；又比如，得知科大讯飞没有全国巡展经验后，联想投资的王建庆采取"贴身服务"，科大讯飞在哪里办展，他人就跟到哪里，科大讯飞人工作到凌晨，他也跟着工作到凌晨。科大讯飞当时的业绩增长就是在联想投资的倾囊相助下完成。而这背后当然也离不开柳传志的授命。

正是两位前辈的出手相助，让刘庆峰认识到了贵人的重要性。刘庆峰开始下决心成为社交达人。

刘庆峰坦言之前自己是"社恐"，为了科大讯飞的未来，不得不做出改变：

> 最痛苦的是要和很多人打交道，而且时间还经常不是自己的。所以我经常激励自己的一句话是，做大事者不委屈。因为我们早期做科研的人员，是希望最简单的关系的，我做好我的事情就行，别人看不上我，我根本不用管。可是后来为了企业的发展环境，我必须学会更加包容——为了争取一个好的发展环境和平台。

理工男出身的企业家多少都有些"社恐"。几乎在刘庆峰转型做 CEO、挑战社交的同一时间，另外一位学霸出身的企业家张朝阳，为了江河日下的搜狐，开启了"作秀之旅"。他曾经衣着一身轮滑行头，在开幕活动现身表演；还为某时尚杂志半裸展示了他那不甚完美的六块腹肌……很长一段时间，张朝阳被指责"一点不像个企业家""爱作秀"和"擅于利用媒体"，后来的事实证明，这是一个比悲伤更悲伤的故事，张朝阳本人非常内向，且患有抑郁症。他所有的努力只是为了挽救搜狐的"门户地位"，"我的公众形象与公司运作有关，这为我们节约了大笔广告开支"。

刘庆峰并不比张朝阳强多少，但是为了科大讯飞，他只能强迫自己频繁出现在媒体的聚光灯下。面对媒体采访，很多他压根不想谈的话题，也只能强颜欢笑且振振有词地应对。和张朝阳一样，只为了吸引贵人和更多的合作机会。有一句"毒鸡汤"说：你若盛开，蝴蝶自来。在结交贵人这件事上，等待是最要命的事情。尤其是对于企业一把手来说，等着贵人帮你，和等着天上掉馅饼的几率是一样的。

互联网新时代，为了企业的发展，企业家必须强迫自己走到前台去链接资源。苹果乔布斯、小米雷军、360周鸿祎、格力董明珠、华为任正非……这些企业家纷纷选择为自己的企业代言。资深投资人徐小平更是一针见血地指出："每个创业者都必须成为网红！"

在时代洪流面前，刘庆峰没有回避短板，而是硬着头皮从"社恐"向"社交达人"转型。转型效果是很明显的。

2016年科大讯飞"人工智能 共创新世界"年度发布会上，除了"网红"罗永浩之外，中国工程院院士、中国人工智能学会理事长李德毅、中国移动通信集团公司副总裁李正茂、IBM中国研究院院长沈晓卫、华为消费者BG CEO、华为终端公司董事长余承东、中国互联网络信息中心主任李晓东、赛富投资基金创始合伙人阎焱、海底捞餐饮股份有限公司董事长张勇、360公司董事长周鸿祎、中央电教馆副馆长蔡耘等莅临发布会现场。从这个嘉宾名单可以看出，刘庆峰的"朋友圈"有多么"多元化"，他的人脉链接能力有多强。

过去，刘庆峰的人脉一直不错，他的恩师、师兄弟、科大校友、安徽老乡，统统被他的技术实力和人格魅力所折服，在早期创业时期主动跟随他打天下，或者贡献资源。如今，在科大讯飞的中高层里，这些人脉都有了一席之地。

但这些人脉，对于刘庆峰来说，是属于不需要刻意经营的"舒适区人脉"。后来结识更高层级的企业界、投资界甚至官方人脉，这些都是需要他去主动争取的。这是一个痛苦的过程，也是逼着他去成长的过程。

简单直率的"铁憨憨"

从创业时一起吃盒饭、啃黄瓜，到上市后股价飙升，科大讯飞核心的 6 个"合伙人"一个没走，首批 18 个员工中，只有两人因随家人出国离职。刘庆峰凝聚人的秘诀其实很简单：简单直率，有一说一。这种推崇人格平等，不搞背后猜疑、以权势压人的氛围，让他的团队和合伙人如同铁铸般牢固。

2000 年，联想投资正式向科大讯飞投资 300 万美元，按照当时汇率折合人民币 2500 万元。科大讯飞是联想投资正式投资的第一家创业公司，为什么一上来就这么大手笔投资呢？柳传志看中的是什么呢？

柳传志参加 2017 雪球嘉年华活动时表示，联想投资有一个原则：事为先，人为重。"事"指所投的行业是不是一个好行业。"事"做得好不好，关键要看"人"，所以是"人"为重。他当初选择科大讯飞，看中的正是刘庆峰本人及其团队。

柳传志在这次公开演讲时明确表示：

科大讯飞的领导人叫刘庆峰，当时只是中国科技大学刚刚毕业不久的博士，是一个很年轻的年轻人。他们当时做声控的时候，到底往哪个方向走都不明确，我们比较早地投进去帮助他们，使得他们做成了今天的科大讯飞。

另外还有一家，我就不说名字了，那一家的负责人是已经成名的一个科学家，而且盈利模式方向非常清楚，按照一般的道理来讲，后面一家比前面一家方向更明确，应该做得更好。实际上，情况完全不一样，为什么呢？那就是因为人。

刘庆峰是一个天生有企业家气质、企业家内涵的一个科研工作者或者叫科学家，是一个年轻的科学家；而另一位是真正按照科学家思维对待企业的管理人……当时我们科学院前两名院长给我推荐了这个项目，我非常想把它做好，连续换过三个 CEO，都没能做好。用科学家思维对待企业的时候，真的很难做。所以，事为先、人为重。我相信，凡是做企业的人都知道，企业的第一把手，他领导着团队，对企业里面起着多么重要的作用。[1]

就像马云是阿里十八罗汉的灵魂人物一样，刘庆峰是科大讯飞的领军者。所不同的是，马云"兼容并包"，而刘庆峰找的都是同类。

同类一起创业的好处很明显：大家的思维模式很相近，沟通时就不存在太大的障碍，并且目标很容易达成一致。

马云凝聚"阿里巴巴十八罗汉"的时候，需要激情澎湃地畅谈"个人梦想"，而刘庆峰大臂一挥，高呼"技术报国"，这些来自同一实验室的师兄弟立即纷纷响应。

当刘庆峰断言：

我坚信科大讯飞一定是中国人工智能领域的 No.1，毫无争

---

[1] 2017 年 12 月 9 日柳传志参加 2017 雪球嘉年华活动时发表演讲：《联想控股的双轮驱动》

议的 No.1。

这 18 个技术大牛并不觉得有什么不妥，而且大家对"All in"人工智能语音，毫无异议。

刘庆峰这样描述创业时的心理体验：

> 手握核心技术，感觉世界就在脚下。当时，每次 11 点从公司回宿舍，我都能看到科大西区舞厅灯火通明，小县城出身的我非但没有羡慕，反而是在回味做科研时那种"吃了蜜"的感觉。

不光他如此，他的"十八罗汉"也如此，他们把创业践行技术设想当作"吃了蜜"的事情去做。

很多创业团队都是一开始同舟共济，小成后为财、权起内讧。科大讯飞团队是个例外。

当初刘庆峰找到王仁华教授，向他表明组建团队创业的时候，王仁华教授不无担心地说："这事儿能成，这么多优秀的年轻人能团结在一起，在科大还从来没有过。"

刘庆峰说："我觉得我能行。"

当他决定向师兄弟发出一起创业邀请的时，"完全自主选择，而且高度信任，不用摁手印"。正式创业的时候，一起吃盒饭、啃黄瓜，大夏天不开空调，也毫无怨言。后来公司上市后，大家也没有为钱和股权的分配而闹崩。

技术人员对"身外之物"普遍表现出不在乎的态度。刘庆峰最早鼓起勇气向王仁华教授谈股权，后者的态度让他很意外："设立股权机制当然可以，而且你的股份应该比我拿得还要多。"作为导师的王仁华都这样不在乎，其他人就更没有异议了。因为利益分配不均而撕破脸的戏码，在科大讯飞，从未发生过。

刘庆峰最骄傲的就是自己的团队："18 位创始人中，只有 2 位离职，从 2008 年上市以来，公司总监以上的 30 个核心成员没有一个离职。上市至今人才总流失率每年不到 1%，这在业界非常难得。"

2013 年，刘庆峰在参加两会时和李彦宏私聊，李彦宏对他坦言："有领导来百度考察，发现我们也在尝试做语音搜索，就对我说你们还是别做了，直接用科大讯飞的技术吧。你们的技术是很好，但我们必须自己做，这是我们的身家性命啊。"

刘庆峰补刀："你们可以复制我们的技术，但复制不了我们的团队。"团队是科大讯飞的最大优势。

刘庆峰管理团队的秘诀其实很简单：简单直率，有一说一。该说就说、该笑就笑、该骂就骂，不搞背后猜疑、以权势压人，大家人格平等。团队中也有不同声音，现在也吵架，但关键看是不是为了公司发展，有没有规则让每个人能充分表达观点。

技术人员为主的团队，最大的好处就是大家没有把太多的心思浪费在沟通上，这样就可以保证有更多的精力放在项目和技术竞赛上。不过，你如果因此而断定，刘庆峰推崇一团和气的柔性管理，那就大错特错，骨子里，他崇尚华为的"狼性文化"。

在不同公开场合，刘庆峰言语之间，十分羡慕任正非能把知识分子训练成"粗糙"的工程师部队。所以在很长一段时间，科大讯飞和华为开展了战略合作，还认为自己与之"相似"。华为身上的狼性与纪律性，是刘庆峰学习的榜样。在科大讯飞的合肥总部，墙上到处是热血标语："活着，就是为了改变世界。""从市场中来，到市场中去！""我们选择讯飞，不是因为讯飞完美，而是因为完美的讯飞将由我们共同创造，鼓励大家真正成为集体的主人。""舒舒服服实现不了发展，按部就班完成不了跨越。"

在斯文儒雅、做事专注、呆板无趣的外表下，刘庆峰和他的团队都掩藏着一颗狼子野心。正是这份野心，加上拧成一股绳的凝聚力，让科大讯飞在不被人看好的人工智能江湖，走到了今天。

启示：完整人格是企业家立身之本

商场如战场，中国企业家们不缺昂扬斗志，当黯淡了刀光剑影，企业家最终要面对的是"自己"这个最大的敌人。企业家是一种高级商品，移动互联网时代既要求企业家不能低调，争创"企业家个人IP"，同时也要求其货真价实，做个沉静型领导。简而言之，在"人设"泛滥的当下，完整人格才是企业家的真正立身之本。

在不认识刘庆峰的时候，他在一般人的眼里是外向自负、"爱忽悠"、挥洒自如……对于媒体记者或者自媒体写手们来说，这样的刘庆峰比较具有可读性。与商业行为中充满活力、张扬的形象完全相反，私底下的刘庆峰，本质上是一个略显腼腆、谨慎务实的人。一个刘庆峰该干什么干什么，另一个刘庆峰想干什么干什么。"竞技型人格"企业家、热衷锻炼的"登山客"、乐于助人的投资人、爱社交的知本家、简单直率的老板，通过这五张脸孔，刘庆峰向世人展示出了立体丰满的人格。正是完整人格，为他吸引了资本、凝聚了人心。

在"多重人格"中，刘庆峰最吸引外人的特质是什么？

（一）竞争

刘庆峰是最具竞争精神的企业家之一。他非常喜欢竞争，因为竞争使得他和科大讯飞更加强大。一般人面临 BAT 的降维打击，会觉得是"灭顶之灾"，但刘庆峰却认为"沧海横流，方显出英雄本色"，和越强的人竞争，越让他亢奋。他把这种痴迷竞争的基因写入企业文化，科大讯飞才有了今天的"不卑不亢"。技术派创业家很多，但像刘庆峰能够把知性和狼性结合起来的很少，这就是贵人们看好他的根本。

（二）变通

正如柳传志所揭示，太"轴"的人是带不好企业的。企业家一定要会变通，懂得借力。刘庆峰虽技术出身，但并没有因此而"呆板"。举个例子，声学所的孙金城曾经与刘庆峰一起参加了 1998 年的 863 语音合成的比赛。比赛完后，刘庆峰拿了第一名，他找到第二名的孙金城，说服孙金城与自己合作，一起做语音合成，他们合作后的语音合成方案成为中国最好的语音合成方案。后来，刘庆峰请孙金城以顾问的身份加入创始团队，并送了孙金城股份，孙金城因此成为"声学所首富"。从学生时代，刘庆峰就擅长借势，与人合作，这种天赋成为创业的一大优势。

（三）执着

支持科大讯飞的人，把它当作科技时代的中国信仰；反对科大讯飞的人，称其是"政府补贴拿个不停"的骗子，"股市上的大公司，财报上的小公司"。但刘庆峰的执着，却被各界人士纷纷乐道。23 年在人工智能领域默默深耕，"炼狱"式磨炼，这种寂寞不是一般人能耐得住的。

名 言 录

◎梦想不是一成不变的。但不管梦想如何改变，有两件事特别重要。一是要勤奋，努力积累；二是要做一个诚信的人。做到这两点，社会各界支持你的力量就会慢慢把你推向成功。

◎人工智能是一个可以奋斗终生的事业。我们要做中流砥柱，要带动整个产业发展。

◎青年创新和创业，不仅影响着社会的可持续发展，更决定着一个民族在全球的话语权。希望看到更多的创业新锐，为自己的青春梦想、为家人的富足和中华民族的伟大崛起而敢为人先。

◎只有把自己逼疯，才能把对手逼死。

◎创业至今23年，讯飞最大的体会就是走着弯曲的直线。短期内可能会有震荡波动，但我们要保持战略定力，还是要看趋势、看长期。

◎很多工作，讯飞就是不做则已，要做就瞄准全球第一，成为中国的国家队，而且我们要跟第二名拉开代差级优势，这就是我们的雄心。

◎每一次变化、每一次挑战，应该成为我们在业界进一步脱颖而出、进一步增强比较优势、进一步夯实'国家队'的非常难得的窗口期。

◎所谓伟大的公司有两个指标，第一，真正解决的是社会刚需，推动社会进步，而不只是挣钱；第二，在源头性能上有全球领先的成果，能代表国家参与未来全球竞争。"

◎中国企业家如果敢于在源头技术上做创新突破，一定要具备3个基本要素：第一，对自己有信心，要觉得这个事情投入真的能做成；因为源头技术投入，风险是最大的，很有可能就是血本无归。它不像应用开发，能够看得见、摸得着，在一定时间出结果；第二，对这个事情真的是热爱，不顾一切把这事做成；第三，对中国的未来要有信心。

◎创业有一个非常重要的核心就是：你在合作机制的设计中是不是真的敢于把钱分出去？如果你想做更大的事业，这个特别重要。

◎科学家精神的企业家和企业家精神的科学家要相结合。如果说企业家没有科学家精神，你的判断会不准确；科学家对企业家不了解，就会很难做。

◎做技术研发是一名神枪手，随着水平的提高可以越打越准。而当好一名有科学家头脑的企业家，就要像元帅一样，指挥成千上万的神枪手，向同一个方向射击，确保打赢民族语音产业这场大仗。假如非得我当这个元帅，那我只好认命，因为我太想这个事情成功了。

◎任何创新都是一个痛苦的过程。真正的创新像花儿一样，只有经历了种子在黑暗期的孕育、小草一样的成长，才能开花结果。快餐式的急功近利，就像掐回来的花朵，很快就会枯萎。

◎国家真的强盛，一定要有一批人有野心，真的做出一批像微软、IBM、Intel 等具有国际影响力的企业帝国来！

◎竞争是正常的，历来行业竞争对行业都是促进。

◎创业不能盲目，一定要有自己的护城河和根据地。无论经济好坏，根据地业务都是帮助我们穿越经济周期的有效保障。

◎我们想走向更大的舞台，就是要做那些跳起来才能够得着、逼自己不断往前突破的事情。走出舒适区，是风险防范，更是发展需要和用人工智能建设世界的渴望。

◎真正发自内心的喜欢某件事，是感觉不到苦和累的。

◎洞察未来最好的方式就是创造未来。

◎燃烧最亮的火把，要么率先燎原，要么最先熄灭。

大 事 记

1973 年	出生于安徽泾县，中考期间物理竞赛、数学竞赛都是第一名，中考成绩全县第一。
1990 年	考入中国科学技术大学，在校期间在语音合成等领域做出多项关键技术创新。
1995 年	本科毕业，放弃出国机会，继续跟着王仁华教授读研究生，并成为国家"KD 系列汉语转换系统"项目的主要负责人。
	研究生期间，负责的项目获得 863 重点项目评选第一名，参加新加坡国际汉语语音研讨会，获得唯一的学生最佳论文奖。
	研究生毕业，获得中科院研究生最高荣誉奖"院长奖学金特别奖"。
	研究生期间，帮华为提供过语音方案，为华为的运营商客户解决问题。
1998 年	研究生毕业，继续跟着王仁华读博士。
1999 年	博士期间，所在的研究小组成功研制出我国第一代能听会说的中文电脑，获得价值 668 万元的技术股权奖励。
	6 月 9 日，刘庆峰联合 18 位同学和老师创立讯飞，最早在民宅办公。

公司成立之初，将市场营销委托给福建一家公司。福建公司不懂技术，经常更改需求，团队被迫频繁换方向。试错一年后刘庆峰任总经理收回市场权限。

2000 年 公司更名为科大讯飞，在合肥留学生园设立办公地点。面向个人用户的语音产品"畅言 2000"，失败。年底，拿到安徽信托、美菱集团、合肥永信三家公司的 3000 万投资。公司估值 5000 万。

2001 年 "半汤会议"坚定了语音的发展方向。

获得联想、INTEL、复星集团的投资，公司估值 2.2 亿。科大讯飞拿到钱之后，做的第一件事情是资助中科院、清华大学、社科院的语音研究所做研究。

2002 年 获首批"国家规划布局内重点软件企业"认定，承接国家语音高技术产业化示范工程项目，设立博士后科研工作站。

2003 年 11 月 在刘庆峰的推动下，由信息产业部科技司正式下文成立"中文语音交互标准工作组"，科大讯飞作为组长单位，刘庆峰担任工作组秘书长。

2004 年 盈亏平衡，破茧成蝶。

2005 年 成立讯飞研究院，荣获中国信息产业自主创新的最高奖励"国家信息产业重点技术发明奖"。

2006 年 首次参加英文语音合成大赛并夺得冠军。

2007 年 科大讯飞信息科技股份有限公司成立。

2008 年 科大讯飞在深圳证券交易所挂牌上市，成为全国在校大学生创业首家上市公司。

2009 年 1 月	科大讯飞获"2009 中国手机创新软件金品奖十佳"企业；2 月，刘庆峰入选"2008 年度中国手机界影响力 100 人"。
2010 年	科大讯飞推出移动互联网智能语音交互平台——讯飞语音云；同年，讯飞获誉"国家智能语音高新技术产业化基地"。
2011 年	科大讯飞迁址至国家智能语音高新技术产业化基地；"语音及语言信息处理工程实验室"正式揭牌。
2012 年 8 月	中国移动通信有限公司与安徽科大讯飞信息科技股份有限公司签订了股份认购协议及战略合作协议，以每股 19.4 元的价格认购科大讯飞非公开发行股票 7027 万股，占本次发行后股份总数的 15%，总交易价格约 13.63 亿元。
2013 年 12 月 22 日	刘庆峰获"2013 CCTV 年度经济人物奖"。
2014 年	刘庆峰发表"顶天立地 继往开来"宣言；科大讯飞举办"顶天立地"揭牌仪式；启动"讯飞超脑计划"；实行"轮值总裁制"。
2015 年	科大讯飞举行"AI 复始，万物更新"发布会，开始为各行各业赋能。
2016 年	科大讯飞发布中国《人工智能深圳宣言》。
2017 年	硕果累累的一年：国际语音合成大赛第一名；国际语音合成大赛全新无监督 Machine Learning 任务第一名；刷新医学影像领域权威评测 LUNA 世界纪录；刷新机器阅读理解领域权威评测 SQuAD 世界纪录；讯飞智医助理参加 2017 国家临床执业医师笔试评测获得 456 分；刷新自动驾驶领域权威国际评测 Cityscapes 世界纪录。11 月，讯飞股票逆势走出行情，最高市值破千亿。

2018 年 1 月	刘庆峰当选为第十三届全国人民代表大会代表。
2018 年 6 月 20 日	中国外文局与科大讯飞公司签署战略合作协议，双方将依托人工智能技术共建人工智能翻译平台，助力中国翻译产业发展和中华文化对外传播。
2019 年 10 月 26 日	刘庆峰荣获 70 年 70 企 70 人"中国杰出贡献企业家"称号。
2020 年 12 月 8 日	科大讯飞获"抗击新冠肺炎疫情先进集体"称号。
2021 年 2 月 7 日	刘庆峰卸任总裁，吴晓如接手。
2021 年 12 月 26 日	刘庆峰入选《2021 中国品牌人物 500 强》榜单，排名第 48 名。
2022 年 4 月	科大讯飞在第十六届国际语义评测（SemEval 2022）大赛上获得"多语种新闻相似度评测任务""多语种惯用语识别任务""多语种复杂命名实体识别任务"三个冠军。
2022 年 7 月 28 日至 7 月 30 日	安徽省工商业联合会（总商会）第十二次代表大会在合肥召开，选举刘庆峰为安徽省总商会副会长。
2022 年 7 月	科大讯飞 AI 研究院在目前最权威的 nuScenes 自动驾驶评测比赛上，取得纯视觉 3D 目标检测任务的冠军。该技术的突破，为讯飞在自动驾驶领域产品布局打下坚实的技术基础，让自动驾驶行业往"更安全、更智能"的目标更近一步。

2022 年 8 月	由中国科学技术大学与科大讯飞股份有限公司联合共建的"语音及语言信息处理国家工程研究中心"正式揭牌，研究中心致力于对源头核心技术的创新，推动人工智能技术更大规模的应用落地，真正实现用人工智能建设美好世界。
2023 年 5 月	科大讯飞正式发布讯飞星火认知大模型，该模型具有 7 大核心能力，即文本生成、语言理解、知识问答、逻辑推理、数学能力、代码能力、多模交互，该模型对标 ChatGPT。
2023 年 7 月	刘庆峰入选《2023 福布斯中国最佳 CEO 榜单》，位列第 20 位。
2023 年 10 月	刘庆峰以 97 亿人民币财富位列《2023 年·胡润百富榜》第 632 位。

参考文献

1.《安徽中科大讯飞信息科技有限公司总裁刘庆峰专访》，来源：cti 论坛，2004 年 9 月 13 日

2.《刘庆峰的"歪打正着"》：来源：中国青年报，2011 年 12 月 6 日

3.《刘庆峰：培养团队精神从孝敬父母 帮助同学做起》，来源：中国青年网，2011 年 03 月 10 日

4.《听得见的语音 看得见的未来——专访科大讯飞董事长刘庆峰》，来源：维普网，2013 年 5 月 22 日

5.《刘庆峰：走着弯曲的直线，初心不改！》，来源：科大讯飞公众号，2014 年 12 月 5 日

6.《科大讯飞刘庆峰：中国人工智能潜力无限》，来源：科大讯飞公众号，2015 年 3 月 9 日

7.《专访科大讯飞刘庆峰、胡郁：掌握人工智能主导权就是在全球处于价值链高端》，来源：观察者网，2015 年 3 月 9 日

8.《我有嘉宾 | 科大讯飞刘庆峰深度访谈（共 8 篇）》，来源：科大讯飞公众号，2016 年 2 月 19 日

9.《经济之声 2016 两会高端访谈》，来源：央广网，2016 年 3 月 14 日

10.《刘庆峰：10 年后，我要让你把机器人女友带回家》，来源：

嘉宾商学，2017-02-08

11.《专访刘庆峰：科学家精神是一种定力》，来源：环视听，2017 年 12 月 9 日

12.《十年磨一剑 ｜ 科大讯飞上市这些年的变与不变》，来源：科大讯飞公众号，2018 年 5 月 13 日

13.《科大讯飞刘庆峰：没有改革开放，就不可能有科大讯飞》，来源：人民日报《起点》，2018 年 12 月 12 日

14.《科大讯飞董事长刘庆峰：希望 10 年后我的一半工作交给 AI》，来源：中国日报网官方账号，2018 年 4 月 19 日

15.《20 年初心重走：讯飞少年创业指南》，来源：科大讯飞公众号，2019 年 6 月 12 日

16.《科大讯飞董事长刘庆峰：在核心赛道上前进，坚持不搞房地产》，来源：第一财经，2019 年 1 月 27 日

17.《刘庆峰：无限风光在险峰》，来源：秦朔朋友圈，2019 年 1 月 27 日

18.《我的中国方案：科大讯飞创始人刘庆峰和他的智能未来》，来源：中国外文局融媒体中心，2019 年 3 月 12 日

19.《其实，我想说｜真的热爱这个方向，才会坚持》，来源：经济参考报专访，2019 年 11 月 21 日

20.《科大讯飞创始人刘庆峰的觉醒与不惑》，来源：观止研究院，2020 年 9 月 19 日

21.《刘庆峰：让人工智能助力抗疫，引领新基建》，来源：人民网，2020 年 5 月 13 日

22.《对话科大讯飞董事长刘庆峰：AI 产业将助力共同富裕、均衡发展》，来源：新京报贝壳财经，2021 年 12 月 29 日

23.《在这里，听见花开的声音》，刘庆峰合肥奥体中心主题演讲，来源：科大讯飞公众号，2021 年 10 月 25 日

24.《科大讯飞刘庆峰：人工智能的第三次大潮，已经切实来到了》，

来源：中国声音，2021 年 2 月 2 日

25.《刘庆峰：将 AI 进行到底》，来源：中国企业家俱乐部，2021 年 7 月 14 日

26.《专访全国人大代表、科大讯飞董事长刘庆峰：搭建技术创新系统性舞台 才能把握人工智能未来主动权》，来源：21 世纪经济报道，2021 年 3 月 10 日

27.《科大讯飞刘庆峰谈企业、管理、产品、AI》，来源：蓝筹企业评论，2021 年 12 月 20 日

28.《专访刘庆峰：人口红利消失倒逼 AI 赋能社会发展》，来源：中新经纬，2021 年 11 月 25 日

29.《人工智能面临两个时代的主题》，来源：工业互联网俱乐部，2021 年 11 月 4 日

后 记

大文豪屠格涅夫说过："等待的方法有两种：一种是什么事也不做空等，一种是一边等一边把事业向前推动。"真正视创业为宿命的人是不可能空等的。刘庆峰就是这样的人，他从飞都不做"干等"的事情，过去他带领科大讯飞横冲直撞，一路和国内外的巨头们 PK，终于有了科大讯飞今天的地位。目前，在全球范围内，人工智能正迎来一场前所未有的争夺战，各路资本、各大企业在纷纷加入这场改变人类命运的"大项目"中。人工智能前景广阔，但也不断被人诟病：雷声大雨点小，总是见不到实质性的突破。

作为中国人工智能领域的先行者和标杆人物，技术出身的刘庆峰没有陷入"口水战"，而是带领科大讯飞全力推进人工智能技术的快速发展和应用。值此风云变幻之际，我们有必要来回顾一下近三十年来，刘庆峰带领科大讯飞一路披荆斩棘、愈挫愈勇的创业故事。

这本书以刘庆峰的个人成长历程，以及科大讯飞数十年的发展为主线，详细披露了刘庆峰从校园创业、到带领科大讯飞成功上市、再到成为国家重点扶持对象的过程中，其个人与公司命运交织的发展经历。

作为互联网行业的后起之秀，和 BAT 这些前辈企业相比，关于刘庆峰和科大讯飞的报道，相对较少。我们在写作过程中，竭力还原了刘庆峰的创业真况。但毕竟能力有限，如书中所引资料或数据有不当或错漏之处，恳请广大读者给予纠错指正，以使这部传记臻于完善。